Lyftaal

Susan Quilliam

Lyf_taal_

Hoe om jou persoonlike bates die beste te _benut_ **deur jou liggaam se geheime boodskappe te** _lees_ **en te** _gebruik_

HIERDIE IS 'N CARLTON-BOEK

Oorspronklike Britse uitgawe in 1995 deur
Carlton Books

Eerste Afrikaanse uitgawe in 1995 deur
Struik Uitgewers (Edms) Bpk
('n lid van Die Struik Uitgewersgroep (Edms) Bpk)
Cornelis Struik House
McKenziestraat 80
Kaapstad 8001

Reg. No.: 63/00203/07

Kopiereg © Carlton Books Limited 1995
Kopiereg © Afrikaanse teks Struik Uitgewers
(Edms) Bpk 1995

Alle regte voorbehou. Geen gedeelte van hierdie publikasie mag gereproduseer, in 'n ontsluitingstelsel bewaar of weergegee word in enige vorm of op enige manier, hetsy elektronies of meganies, deur fotokopiëring, die maak van opnames of andersins sonder die skriftelike verlof van die kopiereghouers nie.

Hierdie boek word verkoop onderhewig aan die voorwaarde dat dit nie, by wyse van handel of andersins, uitgeleen, herverkoop, verhuur of andersins versprei sal word, in enige omslag of band anders as dit waarin dit uitgegee is, en sonder om 'n soortgelyke voorwaarde te stel aan die daaropvolgende koper, sonder dat daar vooraf skriftelike verlof van die uitgewer verkry is nie.

ISBN 1 86825 829 7

Ook in Engels beskikbaar as BODY LANGUAGE

UITVOERENDE REDAKTEURS:	Tessa Rose, Lorraine Dickey
KUNSDIREKTEUR:	Bobbie Colgate Stone, Zoë Maggs
ONTWERP:	Alison Kyles
FOTOGRAFIE:	Sue Atkinson
PRODUKSIE:	Sarah Schuman

AFRIKAANSE UITGAWE

BESTURENDE REDAKTEUR:	Laura Milton
REDIGERING:	Wilna Liebenberg
VERTALING:	Kobus Geldenhuys
REDAKSIONELE ASSISTENTE:	Inge du Plessis
	Thea Coetzee
ONTWERP-ASSISTENT:	Lellyn Creamer
BESTUURDER, SETWERK:	Suzanne Fortescue

Gedruk en gebind in Italië

Die uitgewers wil graag die volgende persone en instansies bedank vir hul goedgunstiglike verlof om die foto's in hierdie boek te reproduseer:

Bubbles: 85 (m), Loisjoy Thurston 86-87 (m), 88-89 (m);
Robert Harding Picture Library: G Gernard 55 (m);
The Image Bank: Derek Birwin 51 (bm); Tony Stone
Images: 93 (or); Wordsearch: Alan Williams 92 (bl)

Die uitgewer het elke moontlike poging aangewend om korrek erkenning te gee en om met die bron/kopiereghouer van elke foto in verbinding te tree. Carlton Books Limited vra om verskoning vir enige foute of weglatings wat per abuis plaasgevind het. Dit sal in toekomstige uitgawes van hierdie boek reggestel word.

Ons bedank graag Alexandra Workwear Plc, Regentstraat, Londen, vir die verpleegtersuniform

inhoud

inleiding
bladsy 6

1
bladsy 8

sprakeloos
Lyftaal: die taal van kommunikasie

van aangesig tot aangesig
Lyftaal in interpersoonlike verhoudings

2

bladsy 20

3
bladsy 56

liefdestekens
Lyftaal in seksuele verhoudings

op kantoor
Lyftaal by die werk

4

bladsy 90

5
bladsy 128

lees die tekens
'n Fotowoordeboek van lyftaal

indeks
bladsy 144

Lyftaal is iets wat die mens deur die eeue heen steeds gefassineer het. Ons wou nog altyd die boodskap agter die woorde verstaan. Ons wou nog altyd weet wat iemand regtig bedoel met 'n vlugtige kyk, 'n blos of 'n gebaar.

Hierdie boek stel jou in staat om lyftaal te begryp en te waardeer. Jy kan jou kennis gebruik om ander mense se optredes te interpreteer en om jou eie lewe effektief te verryk. Nou kan lyftaal jou help om suksesvol te wees.

inleiding

hoe om lyftaal te gebruik om jou lewe te verbeter

Die mens het moontlik nog altyd instinktief geweet dat ons nie-verbale kommunikasie net so belangrik soos ons verbale kommunikasie is. Hoeveel van ons is as kinders aangesê om 'regop te loop'. Ons ouers het besef dit sal ons meer intelligent laat lyk en 'n beter indruk maak. Nou het navorsing bewys ons het 'n groter kans op sukses as ons die manier verander waarop ons omgaan met die wêreld – met vriende, by die werk, en in ons liefdeslewe.

Dié boek verduidelik hoe om jou lyftaal te begryp, te waardeer en te verbeter, en die spesiaal geposeerde foto's wys vir jou wat werk en wat nie. Dit moedig jou ook aan om ander mense se lyftaal te ontleed en te interpreteer sodat jy by voorbaat weet hoe om op hulle te reageer en jou eie lyftaal kan aanpas vir die maksimum trefkrag.

sprakeloos
Die eerste hoofstuk verduidelik wat presies lyftaal is en gee 'n uiteensetting van hoe om dit te gebruik. Dit bevat ook 'n basiese 'woordeskat' wat jy nodig

inleiding

het om die boek te kan lees, stel jou bekend aan die belangrikste kenmerke van lyftaal, en gee riglyne vir die gebruik daarvan in jou eie lewe.

van aangesig tot aangesig
Deur nie-verbale tekens te lees, kan jy presies ontleed wat mense dink en voel, en selfs hulle persoonlikhede lees. Hoe kan jy lyftaal gebruik om aanvanklik met iemand kontak te maak? Hoe kan jy bou aan 'n vriendskap – en hoe kan jy weet wanneer 'n vriendskap begin verflou? Hoe kan jy op sosiale gebied 'n goeie indruk maak – op 'n partytjie of in 'n klein en groot groep?

Dié hoofstuk ondersoek ook die verskillende soorte verhoudings wat jy kan hê – persoonlik en professioneel: hoe om tyd vir jouself te kry, hoe om 'n ander se behoefte aan privaatheid deur jou eie lyftaal te respekteer; en laastens, hoe om jou lyftaal te gebruik om die mas op te kom in die openbaar, in winkels en restourante, met kantoorpersoneel en -base, en ook in groter skares.

liefdestekens
Hoofstuk drie ondersoek lyftaal in ons intieme verhoudings. Ons kyk eerstens na wat mense na mekaar toe aantrek en hoe jy dié kennis kan gebruik om hierdie aantrekkingskrag te skep en hoe om dit dan te laat groei. Hoe jy 'n verhouding laat groei, sowel seksueel deur hartstogtelike lyftaal, as emosioneel deur jou maat te verstaan en jou gevoelens met hom of haar te deel.

Dié hoofstuk kyk ook na verhoudingsprobleme en hoe lyftaal gebruik kan word om probleme te help oplos. Wat gebeur wanneer julle baklei? Is dit enigsins moontlik om te weet of jou maat 'n ander verhouding aangeknoop het? Hoe kan jy lyftaal gebruik om 'n eerliker verhouding te hê? Wat is die tekens van 'n stewige, langtermyn-verbintenis?

op kantoor
Die vierde hoofstuk in die boek ondersoek nie-verbale kommunikasie by die werk. Ons kyk eers hoe jy jou omgewing kan beoordeel, wat dit vir jou sê van die firma vir wie jy werk, en hoe jy jou voorkoms en benadering kan aanpas om in te pas en suksesvol te wees. Aandag word gegee aan hoe om oor die weg kom met kollegas, vriende te maak, jou man te staan en werksverhoudings te oorleef.

Hierdie hoofstuk ondersoek ook kwessies op bestuursvlak. Hoe om jou baas te hanteer, en hoe om op te tree wanneer jy self dalk die baas word. Onderhoudstaktieke en – wanneer jy eers bevorder is – hoe om lyftaal te gebruik om jou span te lei. Hoe hanteer jy vergaderings? Hoe hanteer jy jou kliënte en voorsien in hulle behoeftes?

lees die tekens
Die laaste afdeling verskaf 'n visuele woordeboek van lyftaal. Spesiale foto's wys tekens, bewegings en uitdrukkings en die teks verskaf interpretasies. Een uitdrukking of gebaar kan baie verskillende dinge beteken – slegs as lyftaal in konteks gelees word, kan jy die boodskappe reg interpreteer.

hoe om die boek te gebruik
Hierdie boek is so ontwerp dat jy dit van voor tot agter kan lees en sodoende 'n deeglike oorsig sal kry van wat lyftaal kan doen. Maar jy kan ook net sekere dele raadpleeg om te sien hoe om baie spesifieke situasies soos 'n onderhoud, 'n partytjie of 'n belangrike afspraak te hanteer. As jy slegs sekere dele van die boek raadpleeg, moet jy egter eers Hoofstuk een lees, aangesien dit jou vertroud sal maak met die basiese beginsels van lyftaal.

Bestudeer die foto's wat verskaf word, sowel as die woorde. Die byskrifte is jou sleutel tot elke foto, wys jou waarop jy moet let en verduidelik watter aspekte van lyftaal effektief is, en watter nie. Die byskrifte kan egter nooit die hele storie vertel nie. Kyk self ook weer na die foto's en probeer elke boodskap daarin ontleed; moenie net vassteek by wat die teks sê nie.

Laastens, gebruik hierdie boek slegs as 'n vertrekpunt. Beproef die verskillende dinge wat hier voorgestel word – maar voeg daarby jou eie ondervinding, leer wat vir jou werk en wat nie. Feit bly staan, met die nodige kennis en ondervinding van lyftaal kan jy dit self ook meesterlik gebruik.

1

As jy die beste uit die lewe wil haal, het jy 'lyftaal' nodig. Die studie van lyftaal – die kuns van nie-verbale kommunikasie – is moontlik die opwindendste en bruikbaarste ontwikkeling in moderne persoonlike sielkunde. Dit gee 'n nuwe dimensie aan wat jy van mense kan verstaan en openbaar 'n nuwe reeks moontlikhede van wat jy in die wêreld kan bereik.

sprakeloos

lyftaal: die taal van kommunikasie

Die mens gebruik baie kanale vir kommunikasie. Ten spyte van duisende jare se ontwikkeling het ons nog altyd net die verbale kanale – wat ons sê en wat ons skryf – as belangrik beskou. Dis maar oor die afgelope 40 jaar of so dat ons bewus geword het van 'n ander kanaal – nie-verbale kommunikasie – wat net so belangrik is soos woorde, want dit gee ons net soveel, indien nie meer nie, inligting oor wat mense dink en voel. Sommige skattings beraam dat tot 93% van die inligting wat ons oor enige situasie kry nie-verbaal eerder as verbaal oorgedra word. Wanneer jy dus met 'n vriendin gesels, 'n verhoging vra, of iemand wil verlei, is wat jy doen gelaai met tot 13 keer meer inligting as wat jy sê.

Gedagtes lees
Lyftaal gee jou nie net meer inligting oor ander mense en oor jouself nie; dit gee jou ook ander inligting. Mense se woorde sê net wat hulle

sprake*loos*

Wat het gebeur? Al is sy woorde dubbelsinnig, gee sy lyftaal vir haar genoeg leidrade om die oproep te begin interpreteer. Sy verraste uitdrukking, sy kop wat simpatiek skuins draai en sy gereed-vir-aksie houding wys hy't moontlik onverwagse en belangrike, hoewel nie tragiese nuus nie, gekry wat optrede vereis.

bewustelik wil hê jy moet weet. Hulle lyftaal vertel jou heelwat ander dinge wat hulle miskien nie weet hulle wys nie of waarvan hulle nie eens bewus is nie. Lyftaal vertel ons alles – mense se basiese persoonlikheid, die rol wat hulle speel, die emosies

wat hulle voel, in watter rigting hulle dink, hulle verhoudings met ander, en natuurlik wat hulle regtig van jou dink. Mense se woorde kan 'n magdom geheime wegsteek, maar hulle lyftaal kan jou nie so maklik fnuik nie.

Net so kan jy lyftaal doelbewus gebruik om aan ander inligting oor jouself te gee. Studies het gewys dat wat jy nie-verbaal 'sê' dikwels meer gewig dra as wat jy verbaal sê, nie net omdat dit die luisteraar se bewuste denke omseil en direk tot sy of haar onderbewuste spreek nie, maar ook omdat mense nie-verbale boodskappe tereg meer vertrou as woorde. As lyftaal korrek en opreg gebruik word, kan dit dinge wat jy moontlik nie kan verwoord nie vir mense sê op 'n manier wat hulle nie kan ignoreer nie: 'Ek is bekwaam . . . Ek het jou ondersteuning nodig . . . Ek hou van jou . . . Ek het jou lief'.

Lyftaal gaan egter nie net oor kommunikasie nie. Sielkundiges het oor die afgelope dekade besef dat jy deur jou lyftaal te verander ook allerhande dinge in jou benadering tot die lewe kan verander. Jy kan byvoorbeeld jou bui verander voor jy na 'n partytjie toe gaan, 'n beter gevoel teenoor jou maat aankweek, of leer om meer vertroue in jouself te hê by die werk. En natuurlik, as jou lyftaal werklik verander en jy begin anders omgaan met die mense om jou, sal hulle op hulle beurt anders teenoor jou reageer. In 'n netjiese kringloop sal hoe jy jouself aan ander voorhou, weer na jou toe terugkom – ander mense sal weerspieël wat jy van jouself dink.

Wenke en waarskuwings
Lyftaal is 'n magtige wapen – wees dus versigtig hoe jy dit gebruik! Eerstens is dit 'n mite dat lyftaal jou in staat stel om iemand soos 'n boek te lees. Die teorie, wat 'n poging was om nie-verbale kommunikasie te 'alfabetiseer' deur aan elke enkele gebaar net een enkele betekenis toe te skryf, was oorspronklik hoogmode in die sestigerjare. As iemand sy neus gekrap het, het dit beteken hy jok. Dit het nie saak gemaak of hy sy neus gekrap het omdat dit gejeuk het, of omdat hy senuweeagtig was, of omdat neuskrap 'n belangrike ritueel in sy

Lyftaal verander die betekenis van taal. Byvoorbeeld, as die woorde wat saam met die glimlaggende lyftaal gaan humoristies is, dink ons nie twee keer daaroor nie. As die woorde spottend na iemand anders in die vertrek verwys, versag die lyftaal die belediging. Maar as die woorde na iets hartseers of tragies verwys, verander die lyftaal hulle impak geheel en al en laat die sprekers gevoelloos en wreed lyk.

subkultuur was nie – hy het gejok en klaar. Deesdae weet ons dinge is nie so eenvoudig nie. Lyftaalelemente verskil in betekenis en kan net verstaan word in die konteks van 'n persoon se lewensomstandighede.

Tweedens beteken die suksesvolle gebruik van lyftaal nie dat jy woorde ignoreer nie. Ons mense is miskien ape – baie van die lyftaalsekwensies wat ons gebruik, is direk van dié van ape afkomstig – maar ons is nogtans pratende ape. Daarom kyk die boek baie na hoe lyftaal gebruik kan word saam met woorde – om hulle te beklemtoon, op hulle uit te brei, hulle te beheer, of selfs om hulle te weerspreek. As jy lyftaal werklik wil bemeester,

sprake_loos_

moet jy jou nie-verbale vaardighede saam met jou verbales gebruik en nie in plaas daarvan nie.

Laastens moet jy nooit dink jy kan lyftaal gebruik om ander te laat doen wat jy wil hê nie. Mense is nie dom nie. As jy probeer om nie-verbale tegnieke te gebruik om iemand te manipuleer om van jou te hou, sal hulle natuurlik reageer op wat jy doen – maar hulle sal nog baie sterker reageer op jou tekens wat jou manipulasie verraai. Hulle registreer – dikwels onbewustelik – jou vals glimlag, jou onrustige oë, jou senuweeagtige gestotter – en hulle sal daarop reageer. As jy dus dink jy sal die wêreld deur lyftaal kan regeer, gaan jy teleurgesteld wees!

Oefen, en nogmaals oefen

Hoe kan jy lyftaal die beste gebruik? Die eerste stap is om jou waarneming te verskerp en soveel as moontlik kennis te versamel wanneer jy met mense omgaan. Om bloot te kyk, is die voor-die-hand-liggendste manier, en moontlik sal jy so die meeste wys word. Leer ook om te luister, nie net soseer na mense se woorde nie, maar na hoe hulle die woorde sê en hoe hulle stemme klink wanneer hulle praat. Jou ander drie sintuie – gehoor, reuk en smaak – kan ook vir jou verbasend baie sê. 'n Kollega se warm, sweterige handdruk kan vir jou sê hoe hy oor 'n vergadering voel. 'n Vriendin se liggaamsreuk sal verander as sy bang raak in 'n gruwelfilm; dinge sal vir jou maat anders proe namate jy hom seksueel prikkel.

Namate jy meer bedrewe raak, sal jy meer begin raaksien as net die ooglopende 'makroleidrade' soos mense se gebare en gesigsuitdrukkings. Jy sal bewus raak van die meer subtiele en selfs meer fassinerende 'mikroleidrade'. Al sou jy dus eers miskien net die makroleidraad van iemand se kwaai, gebalde vuis opmerk, sal jy mettertyd ook die mikroleidraad raaksien van hulle velkleur wat verander wanneer hulle begin geïrriteerd raak. Met oefening sal jou begrip van mikroleidrade jou in staat stel om te verstaan – en selfs te voorspel – hoe die mense om jou dink en voel. Jy sal hulle dus altyd een voor wees.

Let ook op jou eie lyftaal. Jy is self 'n groot bron van inligting. Moniteer jou uiterlike tekens, let op hoe jou liggaamsposisie, bewegings, stem en asemhaling verander wanneer jy op dinge reageer. Moniteer ook die innerlike tekens waarvan net jy bewus is: die fladdering in jou maag wat vir jou sê jy's opgewonde, die spanningshoofpyn wat beteken jy's onder stres, die innerlike prentjie van jou geliefde se gesig wanneer jy aan hom dink, die innerlike klank van 'n vriendin se stem wanneer jy aan 'n gesprek met haar dink. Dit is alles belangrike tekens van wat jou liggaam vir jou sê.

Soek na leidrade

Om te weet waarvoor jy moet soek, het jy 'n lyftaalwoordeskat nodig. Die volgende is die wesenlike elemente waarop die boek gebaseer is.

VOORKOMS Kyk na 'n persoon se lengte, natuurlike vel-, haar- en oogkleur, en liggaamsbou. Binne die beperkinge van plastiese snykunde en klere se kamoeflering kan al hierdie dinge vir jou presies vertel wat iemand se geslag, ouderdom, rasse-agtergrond en kultuur is.

STYL EN BEELD Let op klere, haarstyl, grimering, bykomstighede. Dit sê gewoonlik vir jou meer oor verbygaande dinge soos ouderdom, die modesubkultuur waarmee mense identifiseer, hulle status in die samelewing, hulle werk en hulle stokperdjies.

HOUDING Let veral op na hoe iemand staan, hoe hy sy liggaam hanteer, hoe hy sy liggaam en kop draai, en in watter rigting sy arms en bene wys. Dit gee

---

Lyftaal se woordeskat help om 'n situasie uit te spel. Die man en meisie (VOORKOMS) is in 'n tuissituasie (OMGEWING) en naby genoeg om aan mekaar te RAAK, dus is hulle moontlik 'n paartjie. Haar GEBAAR wys sy wil onmiddellik sy aandag hê, maar syne wys hy stel nie juis belang nie. Dit word bevestig deur sy ontspanne en haar gespanne HOUDING, terwyl hulle GESIGSUITDRUKKINGS suggereer dat hy spot en sy geïrriteerd raak. Ons sou veel meer kon aflei uit hulle stemintonasie en hulle REUK, SMAAK en FISIESE FUNKSIES sou hulle gemoedstoestand verraai.

sprake_loos_

sprake*loos*

jou nie net leidrade tot permanente dinge soos opvoeding en ouderdom nie, maar kan ook dui op opwellende gedagtes en gevoelens, veral belangstelling, respek en goedkeuring.

GEBARE EN BEWEGING Dit is baie belangrik om woorde te beklemtoon en word gebruik as emosionele 'leestekens' by die gesproke taal, net soos wat leestekens ekstra betekenis aan geskrewe woorde gee. Elke persoon het sy eie persoonlike stel gebare wat hy gereeld gebruik – hou veral die bolyf en ledemate dop, en let op hand- en voetbewegings en of die persoon sy kop knik of skud.

GESIGSUITDRUKKING Jou persoonlikheid word weerspieël deur jou permanente gesigslyne, wat met verloop van tyd vorm aanneem. Let op mense se 'hard probeer'-plooie tussen hulle wenkbroue en die klein inkeep-lyntjies om die mond wat kenmerkend is van 'n 'terughoudende' persoonlikheid. Vlugtige gesigsuitdrukkings soos fronse is ook belangrik, want dit wys jou hoe die persoon van oomblik tot oomblik dink en voel.

OOGBEWEGING Ons gee en ontvang meer inligting deur die oë as enige ander deel van die liggaam. Die oë wys hoe mense oor mekaar voel: 'n verliefde staar, die ferm kyk van 'n teenstander, leuenaars wat oogkontak vermy. Let op die rigting waarin iemand kyk, die oogvorm, die pupil se grootte, hoe ver hy kyk en wat die wenkbroue doen.

STEM Woorde is nie deel van lyftaal nie, maar die stem wat hulle sê, is. Stemme gee 'n magdom inligting oor basiese agtergrond: kultuur, stand, ouderdom, geslag, geboorteplek, kleur, ras. Party studies meen selfs jy kan iemand se lengte na aanleiding van sy stem bepaal! Ons verklap ons gevoelens en of iets vir ons belangrik is deur harder en vinniger of sagter en stadiger te praat, of deur ons stem dik te maak, of te lig.

REUK EN SMAAK Elkeen het sy eie persoonlike reuk- en smaak-'handtekening' wat in die mond en liggaamshare opbou. Dit weerspieël iemand se algemene gesondheid, kosvoorkeure en gevoelens van woede, vrees of seksuele prikkeling. Reuk en smaak skep ook 'n band tussen mense.

OMGEWING Lyftaal gaan nie net oor wat mense doen nie, maar ook oor die nie-verbale stellings wat hulle maak wanneer hulle hul omgewing skep. Argitektuur, vertrekke se grootte, meubels se styl, voorkeure met betrekking tot lig en temperatuur, behoefte aan privaatheid by die huis en op kantoor kan alles vir jou sê wat vir mense belangrik is, wat hulle persoonlikheid is en hoe hulle met ander mense klaarkom.

AANRAKING Aanraking, of die gebrek daaraan, wys hoe na mense aan mekaar is en of hulle 'n sterk emosie deel. Aanraking word in gesprekke gebruik om iets te beklemtoon, en in magsverhoudings om beheer en dominansie aan te dui.

FISIESE FUNKSIES Die liggaam se fisiese funksies soos asemhalingspatrone, hartklop, bloeddruk, velkleur, sweetvlakke, liggaamsvloeistowwe en veltemperatuur wys hoe iemand voel. Hulle is onmiddellike tekens van sowel fisiese sensasie as emosionele reaksie.

INNERLIKE LIGGAAMSTEKENS Die boodskappe wat jou liggaam van binne af stuur, is net soveel 'n aspek van lyftaal as die tekens wat uiterlik manifesteer. Wees dus bewus van innerlike prentjies of klanke wat by jou opkom wanneer jy aan iets of iemand dink. Let op waar jy die innerlike sensasie waarneem en hoe dit voel – swaar of lig, warm of koud, gespanne of rustig.

'n Effense verandering in lyftaal verander die betekenis. Hier is die VOORKOMS, OMGEWING en BEELD dieselfde. Maar nou is haar HOUDING meer ontspanne en syne weer gespanne. Haar GEBAAR is gelate, terwyl sy wysende vinger op irritasie dui. Hulle UITDRUKKINGS weerspieël nou haar humor en sy ontsteltenis. Die interpretasie hier is dat sy ligtelik verwys na iets wat hom werklik bekommer.

sprake*loos*

Dekodeer die boodskap

Sodra jy fyn en akkuraat kan waarneem, kan jy begin uitpluis wat dit wat jy opmerk, beteken. Dis nie so maklik soos wat dit lyk nie. Soos reeds gesê, een enkele element van lyftaal het nie noodwendig net een bepaalde betekenis nie, maar verskillendes, afhangende van die spesifieke konteks en situasie.

Dink eerstens aan mense se agtergrond wanneer jy interpreteer wat hulle doen. Elke persoon se lyftaal is gewortel in sy of haar kultuur en opvoeding. Ons leer die oorgrote meerderheid van ons nie-verbale vaardighede as kinders by die volwassenes om ons. Daar is natuurlik algemene tekens wat almal gebruik, en die meeste lyftaal

Een spesifieke lyftaalteken kan soms 'n reeks verskillende dinge beteken as dit in die konteks van die res van die lyftaal gelees word.

Hier laat haar HANDE IN DIE BROEKSAKKE (in die konteks van haar staanposisie met voete uit mekaar, die feit dat sy vorentoe kyk, direkte oogkontak maak en heeltemal regop staan) haar skouers breër lyk. Sy lyk dus vol vertroue, sterk en asof sy haarself in 'n situasie kan laat geld.

In die foto wat hierbo verskyn, verklap die posisie van haar voete, haar geknakte knie, die skuins posisie van haar kop en lyf en die effense wegkyk 'n gebrek aan selfvertroue. HANDE IN DIE SAKKE beteken in hierdie konteks dat sy nou op die verdediging is. Sy steek dalk haar gebalde vuiste weg of moontlik kalmeer sy haarself deur haar hande in haar sakke styf teen haar lyf vas te druk.

sprake*loos*

wat jy dus sien, sal pas by die beskrywings in hierdie boek. Die beskrywings is egter grootliks gebaseer op Westerse navorsing en is dus nie noodwendig van toepassing op mense van kulture uit Afrika, Asië of die Midde-Ooste nie.

Elke mens het altyd sy eie persoonlike lyftaal. Jou beste vriendin knip dalk haar oë wanneer sy geïriteerd raak, terwyl jou kollega dit doen uit senuweeagtigheid. As jy dus jou kollega se lyftaal interpreteer soos jou vriendin s'n, sal jy moontlik wonder hoekom sy geïriteerd is met jou – en haar onnodiglik probeer paai. Neem mense se gedragspatrone oor 'n tydperk waar, maak dubbeld seker wat hulle by verskillende geleenthede doen en leer om hulle lyftaal korrek te interpreteer.

Onthou ook om jou nie net blind te staar teen een aspek van lyftaal nie; maak seker dat jy dit binne die konteks sien van die situasie waarin dit voorkom. Hoe kan 'n persoon se liggaamshouding (afgesien van die een spesifieke lyftaalteken) jou help om 'n geheelindruk te vorm van wat gebeur? Wat sê hulle ander lyftaaltekens – bevestig of weerspreek dit jou interpretasie? Hoe reageer ander mense op wat gebeur; sien hulle dinge miskien heeltemal anders as wat jy dit sien? Wat het gebeur net voor en net na wat jy gesien het? Hoe kan dit jou help om dit in konteks te plaas en sodoende meer betekenis te gee?

Let op na 'n opeenvolgende *sekwensie* van lyftaaltekens wat altyd saam voorkom, byvoorbeeld wanneer iemand skrik vir 'n onverwagte geluid, lag om die spanning te verlig en daarna met 'n sug ontspan. As jy nie net die individuele leidrade – die 'woorde' van lyftaal – lees nie, maar ook hierdie sekwensies – die 'sinne' – sal jy baie beter kan verstaan wat aan die gebeur is.

Wanneer so 'n sekwensie later ontwikkel tot gestileerde menslike interaksie – soos die komplekse, nie-verbale *ritueel* wat hom afspeel wanneer ons iemand groet – het dit dikwels 'n ander betekenis as die spontane sekwensie. Onthou om dit dan anders te interpreteer.

Met oefening sal jy mettertyd ook breë *patrone* in mense se lyftaal kan waarneem: verskeie elemente wat saam vir jou iets meer algemeens sal sê as net hoe iemand op 'n gegewe oomblik voel. 'n Hele reeks tekens van hoe iemand staan, na ander kyk en praat, kan vir jou 'n aanduiding gee van watter soort persoon hy of sy is of wat sy of haar houding teenoor sekere aspekte van die lewe is.

Hier laat haar direkte blik en kalm uitdrukking haar vasberade en vol selfvertroue lyk, al is haar lyf half weggedraai. Dit suggereer sy's onseker oor iets buite haarself – miskien 'n besluit of 'n plan – eerder as oor haarself. In dié konteks is HANDE IN DIE SAKKE gewoonlik 'n manier om die meer ooglopende lyftaaltekens van die hande weg te steek sodat ander nie moet agterkom wat jou ware gedagtes is nie.

Gaan oor tot aksie

Sodra jy jou eie of iemand anders se lyftaal waargeneem en geïnterpreteer het, kan jy oorgaan tot aksie. Gebruik lyftaal om meer te kry van wat jy wil hê – om byvoorbeeld suksesvol te wees in wat jy doen, om nader aan ander te kom, om vriende of geliefdes te help en te ondersteun, om meer selfvertroue te hê.

Wanneer jy oorgaan tot aksie het jy drie opsies. Vreemd genoeg is die eerste en beste keuse om jou eie lyftaalinstinkte eenvoudig net te laat oorneem. Almal kommunikeer gedurig nie-verbaal – dis 'n natuurlike, onbewustelike deel van ons lewens. As jy 'n goeie vriendin sien huil en jy voel jammer vir haar, sal jy outomaties vorentoe leun, en jou oë sal spontaan vogtig raak as 'n teken van jou meegevoel. Jy hoef nie bewustelik te besluit om dit te doen nie; jou liggaam weerspieël van nature jou gevoelens. In baie omstandighede is jou beste opsie dus om jou instink te vertrou. Wat hierdie boek sal doen, is om jou daardie instinkte beter te laat verstaan, en om jou te help om hulle te verfyn.

Jou tweede opsie in enige situasie is om te praat. Soos reeds gesê, is praat soms die beste manier om 'n probleem op te los, ondervindings uit te ruil of te troos. Onthou net, wanneer jy praat, kommunikeer jy ook nie-verbaal, of jy nou wil of nie. Dié boek sal nie net vir jou sê wanneer woorde gepas is nie; dit sal jou ook help om werklik doeltreffende lyftaal te gebruik wat jou woorde beklemtoon en ondersteun.

Jou laaste opsie is wanneer jy besluit om die een of ander aspek van lyftaal doelbewus te gebruik, of wanneer jy opsetlik iets verander wat jy

Links begaan die verkoopsdame 'n fout wat tipies is van lyftaal-groentjies. Sy neem die basiese beginsels van lyftaalrapport en voer dit heeltemal te ver. Sy glimlag net te breed vir mense wat sy so pas ontmoet het. Sy leun te ver vorentoe en die hand wat sy uitsteek, maak inbreuk op haar kliënte se ruimte. G'n wonder dat hulle terugsit en haar met hulle arms en bene afsluit nie. Hulle uitdrukkings wys hulle is nie ontvanklik vir haar woorde nie.

sprake*loos*

van nature sou gedoen het. Miskien voel jy jammer vir 'n vriend of vriendin, maar jy weet nie wat die beste nie-verbale manier is om dit oor te dra nie. Of miskien is jou natuurlike uitdrukking van simpatie nie genoeg nie en het jy meer opsies nodig. Hierdie boek sal jou help deur te wys wat die suksesvolste en effektiefste maniere van nie-verbale kommunikasie is, en hoe jy dit in jou eie lewe kan gebruik.

Maar die eintlike werk moet jy natuurlik self doen. Jy moet inligting versamel oor lyftaal, dit begin interpreteer en oefen tot jy gekonfyt raak daarmee en totdat dit die uitwerking het wat jy wil hê. Selfs al kry jy dit alles reg, mag jy nog steeds vind dat lyftaal nie al jou probleme oplos nie. Dit sal jou egter help om dit wat jy dink, wat jy voel, wat jy doen, en – miskien die belangrikste van alles – wat jy is ten beste te benut.

'n Sensitiewer benadering kry beter resultate. 'n Getemperde weergawe van haar vroeëre tekens, wat haar kliënte se ruimte respekteer en haar verhouding met hulle weerspieël, beteken dat almal gemakliker voel.

2

Van die oomblik dat jy iemand ontmoet, kommunikeer julle in lyftaal. Jy vertel die ander persoon meer van jouself deur hoe jy vir hom kyk, hoe jy beweeg, hoe jou stem klink, die uitdrukking op jou gesig. As dit jou te blootgestel laat voel, troos jou daaraan dat hy vir jou op dieselfde manier net soveel van homself vertel.

van aangesig tot aangesig

lyftaal by interpersoonlike verhoudings

Dié deel van die boek kyk na hoe bogenoemde proses in sosiale lyftaal manifesteer: hoe jy dit wat ander vir jou wil sê reg kan interpreteer en hoe jy kan verseker hulle verstaan wat jy probeer sê. Ons volg die stappe van die eerste ontmoeting tot 'n gesprek, 'n begrip van hoe iemand van oomblik tot oomblik optree tot hoe om sy of haar persoonlikheid oor 'n tydperk te ontleed. Jy kry wenke oor hoe om vriende te maak, hoe om tyd vir jouself af te baken en ander se privaatheid te respekteer, en hoe om te oorleef as jy van een-tot-een kontak uitbeweeg na die groter wêreld toe.

Bly te kenne
Wanneer jy iemand die eerste keer ontmoet, het jy net 10 sekondes om 'n indruk te maak. Of om dit

van aangesig *tot aangesig*

Wanneer vriende kom kuier, is 'n man se handdruk 'n teken van respek. Oorspronklik was dit ook 'n teken van goedertrou – die hand hou nie 'n wapen vas nie. As mense direk na mekaar toe draai en oogkontak maak en glimlag, weerspieël dit vriendskap, maar in die Westerse samelewing bly mansvriende dikwels 'n armlengte van mekaar af weg om mekaar se ruimte te respekteer. Vrouens, daarenteen, is meer geneig tot liggaamlike kontak – hande op die arms en 'n piksoen op die wang of in die lug. Albei vrouens is egter versigtig. Die een hou haar hande langs haar sye en vat nie aan haar vriendin nie. Die ander een leun wel vorentoe, maar hou die onderste deel van haar liggaam terug. Hoekom tree hulle so op?

anders te stel – in die eerste 10 sekondes na jy 'n nuwe persoon ontmoet het, maak jy 'n spesifieke indruk op hom, of jy nou daarvan hou of nie. Nog voor jy jou mond oopmaak om te praat, kry die ander persoon 'n nie-verbale indruk van jou persoonlikheid. Is jy sterk of swak, vol selfvertroue of senuweeagtig, vriendelik of op 'n afstand? Selfs met iemand wat jy al vantevore ontmoet het, kan jy bepaal hoe julle verder gaan klaarkom deur te let op wat jou lyftaal aanvanklik kommunikeer.

Kom ons begin by die begin. Hoe maak jy die eerste keer kontak? Die meeste mense doen dit gewoonlik met 'n kyk; leer dus om jou oë doeltreffend te gebruik. Hou hulle op die persoon wat jy gaan groet sodat jy gereed is om haar in die oë te kyk wanneer sy na jou toe draai. As jy jou oë net effens groter as normaalweg oopmaak, sal dit lyk asof jy jou wenkbroue lig – iets wat mense spontaan doen wanneer hulle iemand wat hulle ken, sien en groet. Dit sal die nuwe persoon wat jy gaan groet outomaties welkom en meer op haar gemak laat voel.

Na die aanvanklike gegroet moet jy die oogkontak volhou. Draai met jou liggaam en kop direk na die ander persoon toe en moenie swig voor die versoeking om weg te kyk of aan te beweeg nie, want dit sê vir mense 'Ek's senuweeagtig . . .' of 'Ek voel minderwaardig teenoor jou . . .' Jy sal 'n baie beter indruk wek as jy direk na haar toe draai, effens vorentoe leun, en glimlag om te wys jy is vriendelik en het selfvertroue. ('n Goeie wenk vir wanneer jy senuweeagtig is of die ontmoeting vir jou probleme skep, is om drie of vier keer vinnig en breed te glimlag eerder as om daar te staan met 'n verstarde glimlag wat 'n gryns word.)

Hierna is jy gereed om oor te gaan tot die formele groetritueel van woorde en aanraking. As jou liggaam direk na die ander persoon toe gedraai is, is dit outomaties en maklik om jou hand uit te steek na haar toe. Moenie skaam wees vir 'n handdruk nie. Mense is geprogrammeer om nader te voel aan iemand met wie hulle fisiese kontak gehad het. Benut die kans om 'n band tussen julle te smee. Politici sê altyd: 'Moenie dink aan iets om te probeer sê nie. Herhaal eenvoudig die persoon se naam terwyl julle handskud en mekaar in die oë kyk.' Dit laat die persoon nie net belangrik voel nie; dit koppel ook haar naam en gesig in jou brein, wat dit makliker sal maak om haar te onthou.

Die volgende foto gee moontlik vir ons die antwoord. Die twee op die agtergrond vat net aan mekaar se arms – 'n tipiese vriendskaplike manier van groet. Die twee op die voorgrond se volle liggaamskontak en haar breë glimlag suggereer dat hulle dalk meer as vriende is! Geen wonder dat sy maat vroeër so terughoudend was nie.

van aangesig *tot aangesig*

van aangesig *tot aangesig*

Dis egter nie net wat jy doen wat tel nie. Die ander persoon se reaksie daarop is ook belangrik. Jy sal duidelike tekens kry wat vir jou sê of wat jy doen aanvaarbaar is. Hou gedurig tred met hoe vriendelik of formeel die persoon wat jy ontmoet, wil wees en pas die vyf elemente van jou groetritueel daarby aan: oog- en liggaamskontak, glimlag, aanraking en woorde. As jy 'n teenstander voor 'n belangrike sportwedstryd ontmoet, sal jy heel moontlik nie so breed wil glimlag nie en net vinnig en ferm wil handskud. Maar as die man wat pas aan jou suster verloof geraak het jou op die wang wil soen, kan jy hom gerus op sy gemak stel deur nader aan hom te beweeg in reaksie op sy vorentoe leun en op die regte oomblik vir hom jou wang aan te bied.

Skep 'n verstandhouding

Al ken jy 'n persoon al hoe lank en al is julle verhouding van watter aard ook al, kom daar na die aanvanklike gegroet 'n kort fase waarin julle mekaar 'deurkyk'. Dit mag uiterlik lyk asof julle net gewone inligting oor julleself uitruil, maar in werklikheid gebeur daar baie meer op 'n nie-verbale vlak. Julle pas julle individuele lyftaalstyle by mekaar aan om uit te kom by 'n aanvullende lyftaalritme genaamd 'rapport' of 'n verstandhouding.

Dis instink by die mens om so 'n verstandhouding te bewerkstellig. Babas doen dit selfs voor geboorte, wanneer hulle hartklop en liggaamsfunksies 'n ritme het wat aansluit by hulle ma's s'n. Kort na geboorte bemeester hulle die ander hoofelement van 'n verstandhouding, naamlik 'beurte maak'. Baba maak keelgeluidjies en glimlag, Mamma reageer met 'n koe en 'n lag, baba maak keelgeluidjies en glimlag weer.

Volwassenes maak nie meer soos babas keelgeluidjies om 'n reaksie te kry nie! Ons gebruik nie-verbale tekens wanneer ons 'aanpas' en 'beurte maak'. Ons pas aan wanneer ons dieselfde liggaamshouding inneem, onbewustelik mekaar se gebare namaak, of met mening kopknik wanneer iemand iets beklemtoon wat hy of sy sê. Ons maak instinktief beurte, en wissel opmerkings, gebare en glimlagge af. Waar daar dus goeie rapport is, is woorde heeltemal onbelangrik. Ons aanvullende lyftaal sê alles.

Maar gestel alles verloop nie so glad nie? Mense se liggame het verskillende ritmes en verkeerdes kan by mekaar uitkom. Die gevolge is duidelik en ongemaklik. Jy voel verbouereerd, maar weet nie hoekom nie. Jy wil iets sê, maar die ander een gee jou nie 'n kans nie. In plaas van beurte maak, val julle mekaar in die rede en pootjie mekaar – of die stiltes raak al hoe langer.

In dié stadium mag jy dink dis omdat julle niks in gemeen het nie. Julle is ongemaklik – en heel moontlik is dit meer as net julle belangstellings. Dis julle lyftaal, veral as jy die persoon nou net ontmoet het en nog nie weet of julle by mekaar pas nie. Wat fout is, is doodeenvoudig dat julle ritmes te veel van mekaar verskil.

As jy iets wil doen om gemakliker by iemand te voel, gebruik hierdie lyftaaltegniek: pas doelbewus aan by sy ritmes, moenie dit aan die toeval oorlaat nie. Kyk na sy liggaamshouding en pas joune daarby aan. As hy 'n ander posisie inneem, doen jy dit ook. Let op die ritme van sy woorde en gebare, en volg dit op – knik liggies as hy knik, leun effens vorentoe as hy iets met nadruk sê, maak 'n handgebaar wat wys jy stem saam met hom. Wees so ingestel op die ander persoon dat julle spontaan begin beurte maak. Begin praat wanneer hy ophou en maak klaar wanneer jy sien hy het iets op die hart.

Dit sal aanvanklik vreemd voel om doelbewus by iemand anders se ritme te probeer aanpas. As dit nie die geval is nie, het jou liggaam dit reeds outomaties gedoen. Onthou om subtiel te werk te gaan, anders mag die persoon dink jy skeer die gek met hom. Die geheim is om jou bewegings klein te hou. Die manier waarop jy jou houding en uitdrukkings by hom aanpas, moet skaars merkbaar wees.

Albei stel belang in wat die ander een sê, maar hulle het hulle voorbehoude. Aan die een kant is hulle vriendelik, staan regoor mekaar en maak direkte oogkontak – aan die ander kant staan hulle ver van mekaar af en verklap haar handgebaar dat sy effens senuweeagtig is.

van aangesig *tot aangesig*

van aangesig *tot aangesig*

Die rapport begin kwyn. Hy probeer beïndruk, maar sy direkte kyk, die wysende vinger en armbeweging is in werklikheid opdringerig en aggressief. Haar arms beskerm haar, sy kyk weg en het 'n neutrale uitdrukking op haar gesig. Sy't haar onttrek.

Die verstandhouding is weer terug. Hulle is nou nader aan mekaar, hulle bewegings is lewendiger, hulle glimlag breër en met meer oorgawe. Selfs sy hande-op-die-heupe gebaar, wat soms as dreigend geïnterpreteer kan word, is deel van die gemoedelikheid.

As jy deurdruk, sal dinge regkom. Met oefening sal jou liggaam mettertyd gemakliker voel. En namate die ander persoon gerusgestel word omdat jy aanpas by hom, sal hy hom ook geleidelik begin aanpas by jou. Hy sal jou natuurlike ritme begin volg, aanpas by jou natuurlike houding, glimlag wanneer jy glimlag. Julle ritmes sal een word. Julle sal tot 'n verstandhouding kom.

Die kuns van gesprekvoering

Dis miskien al 'n cliché, maar dis nogtans waar – die sleutel tot 'n suksesvolle gesprek is om te luister. As jy luister, geniet mense dit om met jou te gesels.

Maar 'n goeie luisteraar vra nie net relevante vrae soos wat baie riglyne oor gesprekskuns dikwels voorstel nie. Dis is inderdaad veel belangriker om jou belangstelling te toon deur iemand heeltyd die regte nie-verbale tekens te gee as om nou en dan 'n goedgeformuleerde vraag te vra.

Die beste manier om die regte tekens uit te stuur, is natuurlik om werklik te luister. Vergeet van jou eie gedagtes en konsentreer op wat die ander persoon sê. As jy dit doen, sal jy spontaan die lyftaal van 'n goeie luisteraar praat: jy sal na hom kyk, spontaan vorentoe leun en jou kop effens na die een kant toe draai om hom beter te kan hoor.

van aangesig *tot aangesig*

Jy sal nie rondskuif en vroetel nie; jou liggaam sal stil wees, afgesien van die enkele kere wat jy jou aanpas by sy houding of gebare.

Vir meer impak kan jy natuurlik ook jou lyftaal effens 'harder' laat praat om te wys jy luister wel aandagtig. Mense is biologies so geprogrammeer dat hulle goed voel as hulle 'n reaksie van iemand anders kry. Hoe meer terugvoer jy gee vir die een wat praat, hoe meer gewaardeer en belangrik sal hy voel.

Begin met die gewone kopknik wat vir mense 'n teken van begrip is. Sorg dat jy duidelik knik en in ooreenstemming met wat die ander persoon sê. Wys jou begrip wanneer 'n belangrike woord of frase beklemtoon word. As iemand 'n baie belangrike punt maak, knik jy lank en stadig. Dit beteken: 'Ek neem jou ernstig op.' Pas egter op vir die 'knikkende-hond-sindroom'. As jy op die verkeerde plekke knik, wys dit jou gedagtes is besig om af te dwaal. 'n Dubbele knik beteken iemand moet vinniger begin praat en drie knikke mag hom so verwar dat hy eerder sal stilbly!

Maak baie seker dat jy die persoon met wie jy gesels se emosies weerspieël. Iemand wat praat, wil hê jy moet saam met hom lag of huil. As die een wat praat, lag, moet jy ten minste glimlag; as sy lyftaal wys hy is hartseer, moet jy ernstig lyk; as hy kwaad raak terwyl hy 'n storie vertel, moet jy sy irritasie beklemtoon deur vinnig en beslis kop te knik.

Lig jou kop effens, of frons of glimlag wanneer jy 'n vraag vra. Dit sê: 'Ek wil meer weet, nie omdat jy jou nie duidelik uitdruk nie, maar omdat wat jy sê so interessant is.' Dié lyftaalteken help jou om wat iemand sê te bevraagteken sonder om hom te bedreig. Jy moedig hom aan om te verduidelik. Die enigste nadeel is dat die persoon kan dink jy vind hom so fassinerend dat hy ure aaneen gaan praat!

OM GOED TE KAN PRAAT Het jy al ooit geluister na 'n rekenaarstem sonder visuele of klanknuanses, en verward en geïrriteerd geraak? Dis dan dat 'n mens besef dat dit lyftaal is wat aan spraak sy betekenis gee. Lyftaal gee belangrike bykomende inligting oor wat gesê word; dit skep 'n atmosfeer en beklemtoon sekere dinge.

Die eerste reël wat geld wanneer jy met iemand praat, is om nie-verbale kontak te behou met die een wat luister. Moenie in so 'n mate op die woorde konsentreer dat jy begin kontak verloor nie. Dis byvoorbeeld heel natuurlik om soms weg te kyk terwyl jy praat – dis deel van die dinkproses (sien bladsy 47) – maar moet nooit heeltemal oogkontak met jou luisteraar verbreek nie. As jy agterkom dat jy dit wel doen, hou dadelik op daarmee. Kyk soveel as moontlik na die persoon met wie jy praat om kontak te behou en haar deurtyd betrokke te hou by wat jy besig is om te sê.

Sy luister belangstellend na wat gesê word. Haar kop wat skuins draai, die feit dat sy vorentoe leun en glimlag, en haar vriendelike oë wys sy geniet die gesprek.

27

van aangesig tot aangesig

Maak ook seker jou lyftaal weerspieël wat jy sê. Interessante sprekers gebruik gebare, stemtoon en gesigsuitdrukkings om wat hulle sê te beklemtoon. Dis dus goed om te weet watter van die woorde en frases wat jy gebruik belangrik is, sodat jy hulle spesifiek kan uitlig. Elke sin het 'n woord waarop klem gelê kan word – van 'Koop vir my nuwe sjampoe' tot 'nee, nie so nie, so!' Maak seker dat jy hierdie woorde nie-verbaal beklemtoon.

Instinktiewe maniere waarop dit gedoen word, is byvoorbeeld wanneer jy jou stemintonasie verander, stadiger praat, of woorde beklemtoon met 'n kopknik of handgebaar. Laasgenoemde is bekend as 'n 'dirigeerstokgebaar' omdat dit lyk asof jy jou eie verbale orkes dirigeer. As jy nie gewoond is daaraan om jou lyftaal so af te wissel om belangstelling te wek nie, mag jy dit aanvanklik oordoen en verspot of skaam voel. Kyk dus eers hoe ander dit doen en begin dan geleidelik eksperimenteer met gebare en stemintonasies waarmee jy gemaklik voel.

Beklemtoon die woorde wat jy van nature sou uitlig verder deur jou stem effens hoër of laer te plaas wanneer jy hulle sê, of deur jou spraakritme te verander. Gebruik ook beweging – knik jou kop en leun dan effens vorentoe sodat jy die knik verder voer. Gebruik die dirigeerstokgebaar, laat jou sterk hand die kopknik verder beklemtoon met 'n gebaar wat vir jou spontaan kom. Een goeie manier om dit alles te oefen, is oor die foon: niemand sal skrik as jou hande vervaard deur die lug flap nie!

Laastens moet jy jou werklik inleef in wat jy sê. Wees bewus van enigiets wat jy sê wat emosionele onderstroominge het. Laat jouself toe om van daardie emosies te voel: hoe skaam jy was toe jy die spaghetti laat val het, hoe jy geskrik het toe

Haar regterhand se dirigeerstokgebaar beklemtoon wat sy sê terwyl die effense skuinsdraai van haar liggaam verdere nadruk op belangrike woorde lê.

'n 'Jou beurt'-gebaar aan die luisteraar. Haar palm is nou oop, in teenstelling met die dirigeerstokgebaar waar dit ondertoe gedraai was en sy met die vinger gewys het. Haar uitdrukking is minder geanimeer. Dit wys sy wil nie meer al die aandag op haar vestig nie. Sy's gereed om na iemand anders te luister.

van aangesig *tot aangesig*

die kelner die sop mors. Laat jou liggaam toe om jou emosies natuurlik te weerspieël (sien bladsy 74), laat jou stemplasing en intonasie saamwerk, so ook jou gesigsuitdrukkings, veral jou oë, wenkbroue en mond, die belangrikste kanale vir emosionele kommunikasie. Jy sal jou luisteraar betrek by jou ondervinding en dit baie lewendiger maak.

BALANS Baie van die kuns van gesprekvoering lê in die balans tussen elkeen se bydrae wanneer 'n mens die proses van 'beurte maak', wat vroeër beskryf is, verder voer. Suksesvolle sprekers beheer die balans deur nie-verbale tekens te gebruik om te wys dat hulle klaar gepraat het of dat hulle iets wil sê. Ongelukkig – dink maar aan 'n praatsieke ou wat jou teen 'n muur vaskeer op 'n partytjie – is almal nie bewus van die tekens nie en party mense is helaas immuun daarteen!

Sy luister, maar is verveeld. Haar skouers hang, sy staan roerloos en het 'n leë uitdrukking op haar gesig. As sy betrokke was, sou haar skouers regop gewees het; haar gebare en gesigsuitdrukkings sou haar meelewing in wat gesê word, weerspieël het.

Sy wil iemand in die rede val. Sy lig haar kop en haar hand kom op om te sê 'stop'. Haar mond is oop, omdat sy ingeasem het om iets te sê. Die geluid van daardie asemteug is nog 'n nie-verbale teken vir die een wat praat dat sy nou 'n spreekbeurt wil hê.

As jy die luisteraar is, is dit nuttig om te weet dat wanneer 'n spreker langer as gewoonlik aarsel of stadiger begin praat, hy gereed is om jou te laat praat. Dit mag gepaard gaan met 'n verandering in stemtoon, direkte oogkontak en 'n klein 'jou beurt'-gebaar wat letterlik wys jy is nou aan die woord. Die geheim vir jou as luisteraar is om nooit eens te probeer praat tensy jy een van die tekens sien nie, want anders val jy die persoon in die rede. Wanneer jy hierdie tekens sien en nogtans nie 'n bydrae wil lewer nie, kan jy afgesien van die verbale truuk om nog 'n vraag te vra om die spreker aan die gang te hou, jou spreekbeurt van die hand wys deur oogkontak te behou en stadig te knik, of deur die 'vraaguitdrukking' wat op bladsy 27 genoem word, op jou gesig te registreer.

As jy aan die woord is, moet jy bogenoemde tekens duidelik gee wanneer jy klaar gepraat het. Vermy sulke tekens terwyl jy nog besig is. (As iemand jou in die rede val, is dit dikwels nie omdat hulle ongemanierd is nie, maar eerder omdat jy 'n dubbelsinnige nie-verbale teken in die middel van 'n sin gee.) As jy wil aanhou praat, vermy oogkontak, moenie aarsel nie, lig jou stem effens en moenie enige 'jou beurt'-tekens gee nie.

Die ergste gespreksprobleem is wanneer jy glad nie 'n beurt kry nie. As jy opgeskeep sit met 'n praatsieke persoon, begin deur vir hom (of haar) die natuurlike tekens te gee wat ons gebruik wanneer ons wil praat. Kry oogkontak en sodra hy enigsins aarsel, asem jy hoorbaar in asof jy jou reg maak om iets te sê. Knik al meer en vinniger om vir hom te sê: 'Maak gou en kry klaar.'

As dit alles tevergeefs is, wees onsosiaal. Hou op om goeie-luisteraar-tekens te gee. Verbreek oogkontak, hou op knik, kyk hom strak aan sodat hy geen emosionele terugvoer kry nie. Kyk skuins verby hom asof jou aandag elders is. Lig jou hand of vinger op – 'n teken wat ons op skool leer, maar wat selfs vir volwassenes nog beteken: 'Ek wil iets sê.' As hy hierna nog steeds aanhou praat, is hy nie die moeite werd om na te luister nie. Val hom beslis in die rede tot hy jou 'n kans gee en benut dan die geleentheid om jou sê te sê.

Wanneer jy self een van die 'ek's verveeld'-lyftaaltekens kry terwyl jy besig is om te praat, is daar vanselfsprekend net een korrekte reaksie – gee onmiddellik vir die ander persoon 'n beurt en neem jou voor om 'n ruk lank stil te bly en te luister.

Die brein se geheime

Wanneer jy met iemand te doen kry, leer jy outomaties meer oor haar en oor hoe sy dink. Volgens onlangse navorsing oor lyftaal kan 'n skerp oog en oor jou help om te verstaan hoe mense dink en hoe hulle koppe in sekere opsigte werk. Sielkundiges meen dat lyftaal voortdurend leidrade gee oor hoe 'n mens se brein werk. Eenvoudig gestel – ons gee met ons liggame uitdrukking aan dit wat in ons gedagtes omgaan.

Soos jy moontlik uit eie ondervinding weet, gee ons aan die mense en ondervindings van die uiterlike wêreld 'n innerlike assosiasie in ons koppe – miskien in die vorm van 'n prentjie, 'n klank, of selfs 'n reuk, smaak of aanraking. (Indien jy twyfel of jy dit wel doen, dink aan met watter kleur lakens jou bed op die oomblik oorgetrek is, of probeer jou indink hoe jou geliefkoosde plaat sal klink as dit teen 'n stadige spoed gespeel word.) Alles wat jy in jou brein stoor, het dus 'n assosiasie daar – selfs al kan ons nie 'n helder prentjie vorm of 'n klinkklare klank oproep nie.

Om dus die lyftaalleidrade tot wat in iemand se kop aangaan te interpreteer, moet jy begin met die vraag: hoe gebruik 'n mens sy gedagteprosesse? Twee Amerikaanse sielkundiges, Richard Bandler en John Grinder, beweer dat 'n mens se oogbewegings wys aan watter sintuie hy dink – met ander woorde, onthou of stel hy hom iets voor wat hy al vantevore gesien, gehoor, geruik, geproe of aangeraak het?

Volgens Bandler en Grinder sal 'n persoon wat dink aan iets wat hy gesien het, op- of wegkyk, regop sit, sy wenkbroue lig, sy voorkop plooi en vinniger begin asemhaal. As die persoon aan 'n klank dink, sal hy na die kant toe kyk, sy kop effens skeef draai asof hy luister en egalig begin asemhaal. En as hy aan 'n gevoel dink – dit kan sensasie of 'n emosie wees – sal hy afkyk na regs, vorentoe leun, sy skouers krom maak en diep inasem.

Meer spesifiek, as 'n persoon iets onthou wat hy *werklik* gesien of gehoor het, sal sy oë waarskynlik effens na links beweeg – maar as hy hom probeer voorstel hoe iets gaan lyk of klink wat in werklikheid nog nie gebeur het nie, sal sy oë na regs beweeg. As iemand in woorde dink (oftewel 'met homself praat'), sal hy afkyk na links en dikwels klein keel- of lipbewegings maak.

Elkeen van hierdie oogbewegings neem minder as 'n breukdeel van 'n sekonde. Jy mag dit selfs nie eens registreer nie. Hulle sal saamgevoeg wees in 'n reeks van etlike dosyne, en jy kan onmoontlik elke gedagte vaspen terwyl dit deur die persoon se brein flits. Maar jy kan definitief 'n groot hoeveelheid inligting kry – byvoorbeeld of iemand gewoonlik in prentjies, woorde of gevoelens dink, en of enige besondere herinnering of kreatiewe idee deur een spesifieke sintuiglike kanaal waargeneem word. Partykeer is die tekens so duidelik dat jy kan agterkom dat iemand iets onthou wat hy gesien het en dan kan vra 'Hoe het dit gelyk?' voordat die persoon nog kans kry om jou te vertel presies waaraan hy dink!

van aangesig *tot aangesig*

Haar oog- en kopbeweging wys sy dink aan iets wat sy gesien het, en dat sy daardie prentjie nou voor haar geestesoog 'sien'.

Die kop wat effens skeef gedraai is en die rigting waarin die oë kyk, beteken sy dink aan iets wat sy gehoor het.

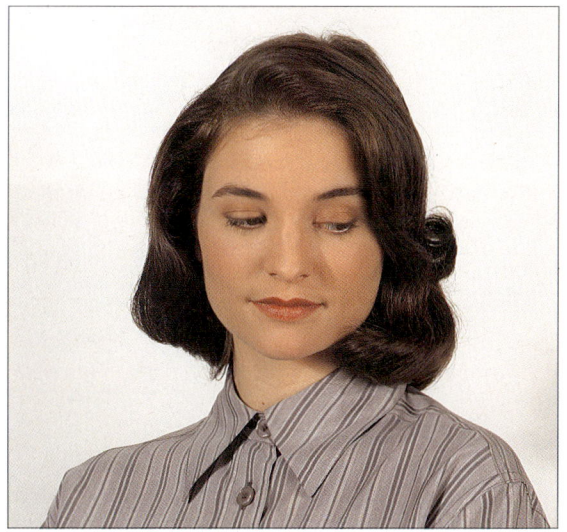

Sy kyk af en na links, met ander woorde sy praat met haarself.

Sy kyk af en na niks spesifieks nie. Sy onthou 'n gevoel van vroeër.

BREINBEWEGINGS Sodra 'n persoon se oogbewegings jou 'n algemene idee gegee het van wat hy dink, kan jy meer spesifiek na sy kop-, been- en armbewegings begin oplet. Vra iemand byvoorbeeld hoeveel glase wyn hy gisteraand gedrink het. Hy sal dit voor sy geestesoog 'sien' deur effens op te kyk; sy oë mag ook stadig van links na regs beweeg en elke keer gaan stilstaan wanneer hy 'n glas 'tel'. Die res van sy liggaam sal jou bykomende inligting gee; sy kop knik dalk elke keer wat hy 'n glas bytel, of hy kan hulle op sy vingers of met die tik van 'n voet aftel. Met fyn waarneming en goeie ontleding sal jy nie net weet wat hy gaan sê nie; as sy antwoord nie sin maak na wat jy gesien het nie, sal jy ook weet dat hy nie die waarheid praat nie.

Veral die bewegings van die kop en die ledemate verskaf 'n verbasende hoeveelheid inligting oor hoe ons dinge in ons koppe 'sien'. So byvoorbeeld sal die vorm wat 'n persoon met sy

van aangesig *tot aangesig*

hande en kop 'oorvorm' verteenwoordigend wees van 'n vorm wat hy in sy kop visualiseer. Die grootte van dit wat hy 'oorvorm', sal jou 'n aanduiding gee van hoe belangrik dit vir hom is. Die spoed waarteen hy die bewegings maak, sal vir jou sê hoe opgewonde, gespanne of tevrede hy voel oor dit waaraan hy dink. Die posisie van sy gebare in die lug kan vir jou aandui of hy dink aan 'n gebeurtenis in die verlede (gebaar na links of agter), die hede (gebaar direk na voor) of die toekoms (gebaar na regs of ver na voor).

Probeer die volgende eksperiment: vra 'n vriendin om haar werk vir jou te beskryf, maar moenie sê hoekom nie. Kyk watter bewegings sy gebruik. Sy mag 'n hele aantal steekbewegings met haar hande maak terwyl sy haar kop terselfdertyd hewiglik skud. Haar bewegings sal moontlik hoog in die lug begin wanneer sy van haar baas praat en geleidelik laer afkom soos wat sy haar kollegas beskryf. Haar gebare sal vinniger op mekaar volg wanneer sy praat oor die nuutste projek waarmee hulle besig is; die gebare sal aan haar linkerkant begin soos wat sy verduidelik hoe hulle daarmee begin het en met 'n groot kapbeweging na regs beweeg wanneer sy haar die einde van die projek voorstel. Sonder een enkele woord sal jy kan aflei hoe negatief sy teenoor haar werk is, net soos wat jy haar positiewe ingesteldheid sou kon aflei uit sagte, vloeiende gebare wat sirkels in die lug maak en hande wat ontspanne en oop is.

BO LINKS: Johan vertel van 'n ligte motorfiets-ongeluk waarin hy onlangs betrokke was. Sy handgebaar wys waar presies hy seergekry het en sy verstarde oë en mond wys hoe onverwags dit alles gebeur het. Verder wys sy uitdrukking ook dat hy nou heel positief daaroor voel – dit lyk asof hy dit geniet om die storie oor te vertel. Ons wys dikwels grafies met ons hande hoe iets ons beïnvloed het. As ons 'n sterk sensasie in 'n spesifieke deel van ons liggaam ervaar het, sal ons die aandag daarop probeer vestig met behulp van ons gebare.

BO REGS: Linda praat oor iets wat sy beplan om oor 'n paar weke te doen. Sy 'sien' die toekoms regs van haar, en die verlede links van haar.

van aangesig *tot aangesig*

EMOSIONELE TEKENS Terwyl jy 'n persoon se oogbewegings en gebare dophou, moet jy ook noukeurig let op sy gesigsuitdrukkings. Dit sal jou wys hoe hy voel oor wat hy sê. Die sekwensies is maklik om te lees, hoewel dit klein, vlugtig en uiters verskillend van aard kan wees. Sommige van die meer alledaagse uitdrukkings is: 'n effense glimlag en oë wat vergroot om 'meer te sien', wat beteken die persoon voel goed; 'n ligte frons, 'n ferm mond en oë wat vernou om 'minder te sien', wat dui op afkeer; 'n mond wat skeeftrek en oë wat op skrefies is, wat 'n aanduiding is dat die persoon agterdogtig of onseker is.

Met oefening, veral met iemand wat jy goed ken, kan jy verbasend goed begin 'gedagtes lees'. Kom ons sê byvoorbeeld jy vra jou vriendin na watter klub toe sy gisteraand is. Veronderstel sy kyk eers na bo links, dan na die kant links en dan af terwyl

Jennifer beur terug in reaksie op die spinnekop. Sy is duidelik onseker. Maar hoekom glimlag sy dan? In baie samelewings, en veral ons s'n, is 'n glimlag 'n tipiese reaksie op iets negatiefs omdat dit sosiaal onaanvaarbaar is om sterk gevoelens te wys.

sy haar indink in hoe die klub gelyk het, hoe die musiek geklink het en hoe sy gevoel het toe sy daar was. Voeg hierby haar neutrale uitdrukking toe sy opgekyk het, 'n krul van die lip, 'n kopskud en 'n wegstootgebaar toe sy kant toe gekyk het, en 'n effense glimlag en die feit dat sy aan haarself gevat het toe sy afkyk. As jy jou vriendin goed genoeg ken om sinvol voort te borduur op haar nie-verbale kommunikasie, mag jy na aan die waarheid wees as jy raai dat die dekor gangbaar was, en die musiek aaklig – maar dat daar nietemin iemand was oor wie sy goed voel.

van aangesig *tot aangesig*

Lees persoonlikhede

Die gebruik van lyftaal om mense se persoonlikhede te ontleed, is niks nuuts nie. So ver terug soos in die Middeleeue het mense geglo fisiese voorkoms hou direk verband met persoonlikheid. As 'n man byvoorbeeld 'n groot neus gehad het, is daar geglo dat hy seksueel baie aktief was, om redelik verklaarbare redes; 'n klein kop het beteken iemand was onintelligent. Dié Middeleeuse lyftaal is vinnig as verkeerd bewys – ons afsonderlike liggaamsdele wys beslis nie watter soort mense ons is nie.

Moderne sielkundiges het tot nuwe gevolgtrekkings gekom. Die elemente wat ons oorerf, soos 'n groot neus of 'n klein kop, hou geen verband met watter soort mense ons is nie, maar die elemente van ons lyftaal wat ons met die verloop van 'n leeftyd opbou, sê wel wie en wat ons is. As iemand byvoorbeeld sorgeloos en ontspanne is, sal haar liggaamshouding los en gemaklik wees, want dit is hoe haar spiere is. Iemand anders wat senuweeagtig is en haar spiere gereed op 'n bol trek, sal gespanne en opgetrekte skouers ontwikkel.

van aangesig *tot aangesig*

As jy iemand se persoonlikheid wil lees, moet jy nie kyk na individuele gebare of vlugtige uitdrukkings nie. Kyk na meer permanente, konsekwente en lewenslange lyftaalpatrone – tipiese houding, geliefkoosde gebare, algemene sekwensie van oogbewegings, hoe sy haar uitdruk en of sy aan ander vat. Hou haar oor 'n tydperk dop met hierdie kontrolelys in gedagte en jy sal begin verstaan wat haar gedragspatrone beteken.

Om te begin, kyk dié afdeling na drie algemeen herkenbare persoonlikheidstrukture en beskryf die lyftaal wat dikwels daarmee gepaard gaan.

KYK-, LUISTER- OF VATMENSE? Een element wat onderliggend aan elkeen se persoonlikheid is, is aan watter sintuig hy of sy voorkeur gee. Wat geniet iemand die meeste? Iets wat hy sien of hoor, of iets waaraan hy vat? (Reuk en smaak is gewoonlik net belangrik in situasies soos eet en liefdemaak.)

Die meeste mense verkies soms die een en soms die ander sintuig, maar party het 'n definitiewe voorkeur vir 'n spesifieke sintuig en dit is dikwels sigbaar in hulle lyftaal.

Mense wat kyk, het 'n goeie houding, maar gespanne skouers. Hulle is dikwels maer en het dun lippe. Hulle kies klere en meubels wat 'n visuele indruk maak. Hulle voel goed wanneer hulle mooi dinge sien. Verder dink hulle gewoonlik hoofsaaklik in prentjies, wat beteken dat hulle hul wenkbroue lig (sien bladsy 138). Hulle sal dus plooie op hulle voorkoppe hê terwyl die res van hulle gesigte sonder plooie is.

Vir mense wat luister, is klank belangrik – woorde sowel as geluide. Hulle koppe is gewoonlik skuins en effens na onder gebuig asof hulle luister, en hulle een hand stut hulle gesigte of kom tot by hulle ore – die 'telefoonposisie'. Wanneer hulle oor iets dink, beweeg hulle lippe dikwels, asof hulle met hulleself praat. Hulle is ritmies, en hou dikwels op tafels, stoelleunings of in die lug tyd op maat van 'n deuntjie in hulle koppe. Hulle motorradio's speel outomaties wanneer hulle hul motors aanskakel.

Vatmense is baie emosioneel en dikwels 'rond'. Hulle is nie noodwendig plomp nie, maar hulle neig om vorentoe te leun, hulle skouers is effens gerond en hulle het vol lippe. Hulle haal diep asem, beweeg vryelik en ontspanne en het dikwels diep stemme. Hulle is ingestel op hoe iets voel, eerder as hoe dit lyk, en hulle kies klere en meubels vir gemak, eerder as om te wonder of dit in die mode is.

Elke sintuiglike voorkeur het sy voor- en nadele. As jy een bo 'n ander verkies, beteken dit nie noodwendig dit gaan jou benadeel in die lewe nie, hoewel dit jou meer geskik kan maak vir sommige take as vir ander. Moet byvoorbeeld nooit vir 'n luistermens vra wat om aan te trek na 'n partytjie toe nie. Moderaad van 'n kykmens sal verseker dat jy fantasties lyk – maar nie noodwendig dat jy gemaklik gaan voel nie. As jy agterkom jou binnehuisversierder is 'n vatmens, moet jy dadelik iemand anders huur en dit eerder oorweeg om 'n warm verhouding met hom te hê!

Vind uit of jy self 'n sterk voorkeur vir 'n spesifieke sintuig het. As jy het en jy ontmoet iemand met 'n sterk voorkeur vir 'n ander sintuig, kan dit lei tot 'n botsing. As jy 'n kykmens is, moenie vir 'n luistermens 'n prentjie teken van jou nuwe woonstel nie – vertel hom eerder daarvan. As hy weer sy nuwe meisie vir jou beskryf, sal dit dalk vir jou nodig wees om eers 'n foto van haar te sien voor jy regtig kan opgewonde raak oor die verhouding.

Kykmense, luistermense en vatmense se basiese kommunikasiestyle verskil ook. 'n Kykmens het nodig om baie te kyk terwyl sy praat, en dit kan 'n luistermens ongemaklik maak. Net so kan 'n luistermens wat geneig is om weg te kyk terwyl sy praat, 'n kykmens afgehaal laat voel. As jy met jou vatmensvriend baklei en hy beweeg nader aan jou, doen hy dit vir gerusstelling. Hy volg net sy sintuiglike voorkeur, hy probeer nie jou private ruimte betree nie. Gee hom 'n drukkie en hy voel gou weer beter.

Hierdie foto toon tipiese nie-verbale tekens van die drie basiese soorte persoonlikhede. Aan die linkerkant staan die kykmens – regop, direkte oogkontak en wenkbroue gelig. In die middel sit die vatmens – skouers effens gerond en 'n 'voller' gesig. Aan die regterkant staan die luistermens – kop effens skuins gedraai met die hand wat die ken stut.

van aangesig *tot aangesig*

INTROVERT OF EKSTROVERT? Nog 'n stewig gevestigde persoonlikheidsonderskeid is tussen ekstroverte en introverte – mense wat gedurig sosiaal is en mense wat 'n stiller lewe verkies. Fisioloë meen nou dat die twee persoonlikheidstipes se senuweestelsels in werklikheid fisies van mekaar verskil. 'n Introvert word makliker gestimuleer deur interaksie en bereik dus makliker 'n versadigingspunt, terwyl 'n ekstrovert meer persoonlike kontak nodig het voor hy tevrede voel. 'n Introvert se nie-verbale patrone sal hom gewoonlik teen stimulasie beskerm. Hy het 'n regop houding, 'n 'stywe nek' met opgetrekte skouers wat dit letterlik vir hom moeilik maak om na iemand anders toe te draai. Hy bly op 'n afstand en retireer wanneer iemand nader kom. Hy sal nooit eerste aan jou probeer vat nie en verstyf uit selfverdediging wanneer iemand verby hom skuur. Hy probeer oogkontak vermy en die kere wat hy jou wel in die oë kyk, maak hy 'ontsnappingsbewegings' met sy hande en voete, asof hy wil wegkom.

Wanneer mense saam met 'n spelerige kind is, sien jy gou wie's 'n ekstrovert en wie's 'n introvert. Henk en Susan, in die middel, is op hulle gemak. Hulle glimlag, speel met die kind, kry sy aandag en raak aan hom. Jennifer, links, leun vorentoe, maar beskerm haarself fisies deur af te kyk en oogkontak te vermy. Sy gebruik die speelding wat sy vashou om nie betrokke te raak nie. Sy kruip daaragter weg.

'n Ekstrovert tree natuurlik heeltemal anders op as 'n introvert. Sy is meer spontaan teenoor mense, leun vorentoe en behou lank oogkontak sonder om ongemaklik te raak. Haar manier van praat is meer energiek as 'n introvert s'n, want sy moedig die stimulasie van ander mense se reaksies aan. Haar gebare en gesigsuitdrukking is opgewek wanneer julle gesels, want sy is opgewonde as sy tussen mense is – dit laat haar gemaklik voel. Sy maak graag fisies kontak deur aan jou te vat en geniet dit ook as jy aan haar raak. Sy sal nader kom sodat jy nog aan haar kan raak – aanraking is dus vir haar 'n aangename sensasie.

van aangesig *tot aangesig*

Behandel elke persoonlikheidstipe verskillend. Beweeg na 'n stiller plek toe met 'n introvert, of na iewers waar julle alleen kan wees. Moenie haar ruimte betree deur te naby aan haar te kom of aan te dring op te veel oogkontak nie; praat sag en moenie onnodig aan haar vat nie. Onthou, dis nie dat sy nie van jou hou nie – dis bloot dat jou teenwoordigheid dalk net te veel is vir haar. Daarenteen kan 'n ekstrovert nie genoeg kry van stimulasie nie. As jy met haar praat, beweeg tot by haar, praat vinniger, maak oogkontak, vat aan haar.

Jy moet bereid wees om baie verskillende soorte verhoudings met verskillende persoonlikheidstipes te hê. Jy alleen is dalk nie genoeg vir 'n ekstrovert nie. Sy wil uitgaan en tussen mense wees in 'n raserige, stimulerende omgewing. Die introvert sal op haar gelukkigste wees in intieme situasies, met sagte beligting en musiek en een-tot-een kontak.

OK OF NIE OK NIE? 'n Derde persoonlikheidsonderskeid is tussen die 'OK' persoon en die 'nie-OK' persoon. Eric Berne, wat die sielkundige denkrigting Transaksionele Analise (TA) ontwikkel het en ons benadering tot die lewe definieer in terme van die rolle wat ons in ons transaksies met ander gebruik, gebruik dié terme om twee basiese persoonlikheidstipes te beskryf – die persoon wat in wese tevrede is met homself en die persoon wat minderwaardig en onseker voel.

'n OK persoon se houding is gewoonlik regop, haar skouers ferm en vierkantig, kop gelig en liggaam eweredig en gemaklik gebalanseer. Sy beweeg vinnig en sonder huiwering, haar uitdrukking is lewendig en sy het altyd 'n effense glimlag. Jy sal klein, opwaartse lyntjies om haar mondhoeke sien – 'n teken dat sy meer glimlag as dikmond rondloop.

'n Nie-OK persoon se houding is half krom en haar rug effens geboë. Sy lyk ineengekrimp wanneer sy sit of loop, en haar kop hang op haar bors. Haar bewegings is stadig, tam en geforseerd, haar uitdrukking moeg en hartseer. Die lyne om haar mondhoeke loop effens afwaarts, 'n teken dat sy haar meer verknies as wat sy glimlag.

Wanneer jy 'n nie-OK persoon ontmoet, sal jy outomaties versigtig wees. Jy voel dalk aan hy gaan op die lange duur nie baie pret wees nie, al is hy miskien by hierdie partytjie heel opgewek. Sulke gevoelens is instinktief – moenie hulle ignoreer nie. Mense het 'n ingeboude verdedigingsmeganisme wat hulle waarsku, tensy 'n pligsgevoel of simpatie vir 'n persoon jou dit laat opsy skuif. Iemand wat gedurig ongelukkig is, stuur nie-verbale tekens daarvan uit. Moenie dit miskyk nie.

Mense met nie-OK lyftaal kry swaar in die samelewing. Hulle sukkel om kontak te maak en vriendskappe vol te hou. En aangesien lyftaal mettertyd vasgelê word en nie meer verander nie, raak sulke mense al meer geïsoleer. Kyk 'n bietjie in die spieël en wees eerlik met jouself – wat sê jou lyftaal oor jou? Is jy OK of miskien nie so OK nie?

Terwyl twee mense 'n brief begin lees om te sien watter nuus daarin is, sien ons nie-verbale tekens van hulle persoonlikheid. Deon se basiese optimisme word weerspieël deur sy regop houding, oop oë en effense glimlag – asook die manier waarop hy die brief hoog op en naby aan hom hou asof hy goeie nuus verwag. Karen verklap haar pessimisme deur haar gespanne mond, vooroorgebuigde kop en neergeslane oë. Sy hou die brief weg van haar af asof sy slegte nuus verwag.

van aangesig *tot aangesig*

As jy laasgenoemde vermoed, moet jy dadelik iets daaraan doen. Begin deur die OK lyftaal wat jy nie het nie, aan te leer. Probeer om regopper te sit, beweeg vinniger, glimlag meer en laat jou lyftaal meer 'opwaarts' beweeg. Dit sal nie net positiewer tekens na ander mense toe oordra nie, dit sal jou ook tydelik beter laat voel oor jouself. Die oumense het altyd gesê: 'Sit 'n gelukkige gesig op.' Dis goeie raad. Dit werk.

Vir dieper, langertermyn-verandering sal jy egter meer moet doen as om net aan jou uiterlike te werk. As jy werklik jou uiterlike lyftaal wil verander, moet jy noodwendig ook jou innerlike houding verander. Bou jou selfvertroue op deur werklik beheer te neem van jou lewe en jou lyftaal sal dienooreenkomstig verander. Jy sal begin regopper loop, jou gesigsuitdrukking sal 'ligter' wees, jy sal gelukkiger lyk en die verandering sal opreg en permanent wees.

Vriende bymekaar

Jy is by 'n partytjie, 'n konferensie, 'n aandklas. Jy staan stil en kyk reguit voor jou uit; jy hou jou drankie vas met geen uitdrukking op jou gesig nie. Jy tree so op, want jy is bang jy sal verwerp word as jy met iemand probeer gesels. Of jy voel as mense sien jy soek geselskap, weet hulle jy is 'n sosiale mislukking. Jy wil met mense omgaan, maar jou lyftaal sê ongelukkig presies die teenoorgestelde. Jou boodskap is: 'Los my uit. Ek stel nie belang nie.'

Mense wat goed vaar in groepe kombineer nie-verbale 'aktiwiteit' met nie-verbale 'toeganklikheid'. Dit beteken nie hulle is ekstroverte nie. 'n Ekstrovert het baie sosiale stimulasie nodig, maar is nie noodwendig sosiaal aktief besig om dit te probeer kry nie. Gewilde mense gebruik 'n definitiewe strategie van beweging, gebare, uitdrukking en oogkontak in hulle konstante en energieke uitreik na ander mense.

Begin die taktiek toepas die oomblik wat jy by 'n nuwe plek instap. Loop stadig maar doelgerig van een plek na 'n ander, 'gly' deur die vertrek sodat mense jou raaksien. Hou aan beweeg, moenie nou al stilstaan en gesels nie. Jou oogkontak is 'n nie-

Wie's die sosiale leier? Die rigting waarin almal se liggame en oë – en Anita se voet – gedraai is, wys Deon (in die goue onderbaadjie) is die middelpunt van almal se belangstelling.

Linda sluit aan by die groep, maar word nie-verbaal amper geïgnoreer. Sy staan bedees op die rand en pas haar lyftaal by die groep s'n aan – rigting van liggaam, hande, voete – terwyl die aandag vir 'n oomblik verplaas word na Ryno in die swart onderbaadjie.

van aangesig *tot aangesig*

verbale teken om te wys jy is beskikbaar vir 'n gesprek, en dit help jou om ander wat ook so voel raak te sien. Lyk vriendelik, maar moenie flirt nie (sien bladsy 60). Glimlag effens en hou jou gebare 'oop'. Ontspan! As jy ontspanne en toeganklik is, sal mense wat nie heeltemal so seker van hulleself is nie aangetrokke voel tot jou.

Wanneer jy kontak wil maak, moet jy dit doen met iemand wat reeds vroeër jou oog gevang en sodoende gewys het hy is toeganklik. Een van die redes waarom ons soms sosiaal misluk, is omdat ons slegs die mense nader wat interessant lyk, in plaas daarvan dat ons met mense gaan gesels wat spesifiek geïnteresseerd lyk in ons. As iemand se lyftaal jou nie uitnooi om hom te nader nie, help dit nie dat jy verwerp voel wanneer hy nie positief teenoor jou reageer nie.

Dis altyd beter om 'n man van die kant af te nader en 'n vrou van voor af, want dit is die rigtings wat vir elke geslag die gerusstellendste voel. Volgens navorsing wat in 1974 gedoen is, word mans tradisioneel meestal tromp-op uitgedaag tot 'n geveg en vrouens word gewoonlik van agter af aangeval. As iemand uit so 'n 'verkeerde' rigting op ons afkom, al het hulle ook watter goeie bedoelings, sal ons liggame vir 'n oomblik instinktief verstyf.

Die sosiaal aanvaarbare ritueel is om naby genoeg te kom sodat iemand kan bewus word van jou teenwoordigheid. Wag 'n oomblik om toestemming te kry om hulle ruimte te betree. Volgehoue oogkontak, 'n gerusstellende glimlag of 'n onbewuste 'kom nader'-gebaar sal vir jou sê dis in die haak. Jy kan liggies knik (by ape is dit 'n gerusstellende gebaar), terugglimlag en dan nader beweeg en groet. Jy hoef nie verskoning te maak vir die feit dat jy kom gesels nie. As die persoon ook alleen is, sal hy verlig wees om geselskap te hê.

Gestel die persoon wat jy nader is nie alleen daar nie, en sy vriendin is net vir 'n oomblik kleedkamer toe of besig om met iemand anders te gesels. Wat doen jy wanneer sy terugkom? Gee eenvoudig net vir haar gerusstellende tekens. Jou lyftaal kan vir haar sê: 'Ek neem nie jou man af nie . . . Ek annekseer nie jou kêrel nie . . .' Doen dit deur

Linda hou nog steeds by die groep se lyftaal, maar sy maak oogkontak met Deon en glimlag vir hom. As sy die sosiale leier se aandag kan kry, sal hy die ander se aandag op haar vestig.

Linda is 'in'. Deon 'maak plek' vir haar deur oogkontak en 'n belangstellende skuinsdraai van die kop. Die groep volg hulle leier se voorbeeld. Hulle luister na wat sy sê, draai na haar toe en beweeg nader, maak oogkontak en glimlag bemoedigend vir haar.

van aangesig *tot aangesig*

Die opwindende eerste fases van vriendskap word weerspieël in die ooreenstemmende houdings, glimlagge en gemaklike klere.

letterlik vir haar plek te maak wanneer sy by julle aansluit. Gee 'n tree terug, draai na haar toe, maak oogkontak, en glimlag vir haar vir die eerste paar minute wat julle saam gesels. Sodra sy meer gerus en ontspanne voel, sal julle outomaties in 'n driehoekvorm staan en 'n verstandhouding begin opbou soos wat ons vroeër op bladsy 24 breedvoerig bespreek het.

WIE'S JOU VRIEND? Wanneer jy iemand vlugtig ontmoet, wil jy haar gerusstel. Jou lyftaal gee vir haar tekens van goedkeuring en rapport. Wanneer julle aan 'n vriendskap begin bou, verskuif die kommunikasieproses van korttermyn-gerusstelling na 'n langtermyn-verstandhouding. Nie-verbaal is julle mikpunt om soveel as moontlik van mekaar te leer en om eenders te probeer wees.

Nou is lyftaaltegnieke as sodanig sinneloos. Die proses waardeur daar 'n diep verbintenis tussen mense ontstaan, is so kompleks en geleidelik dat dit net op 'n onbewustelike vlak kan gebeur. As jy dit egter probeer aanjaag met bewustelike en opsetlike optredes, sal jou gedrag net geforseerd en vals lyk. Lyftaal is hier meer van nut om te sien hoe die proses vorder en om die regte omgewing vir vriendskap te skep.

Wanneer julle op dreef kom, sal julle spontaan julle sintuiglike kanale oopmaak om meer inligting oor mekaar te kry – oë wat wyer oop is, lank staar na mekaar, gespitste ore wat alles wil inneem. Julle sal ook meer inligting uitruil deur merkbaar nader aan mekaar te sit, direk vir mekaar te kyk, meer geanimeerd te gesels, gereeld aan mekaar te raak en harder en met meer nadruk te praat.

van aangesig *tot aangesig*

Dit is nie dieselfde soort intimiteit wat jy met 'n liefdesmaat sal hê nie, maar julle sal algaande al hoe meer ooreenstemmende lyftaalsekwensies ontwikkel namate julle al meer dieselfde dink en voel oor dinge.

Jy kan hierdie proses vergemaklik deur die regte nie-verbale omgewing te skep waarin julle vriendskap kan groei. Reël om saam uit te gaan na plekke toe sodat julle deel in dieselfde dinge, en wissel dit af met intiemer ontmoetings wanneer julle oor diep dinge kan praat met baie oogkontak en fisiese nabyheid.

Onder hierdie omstandighede sal julle mettertyd al meer by mekaar 'aanpas' (sien bladsy 24) deur houdings, gebare en bewegings wat presies dieselfde is, of deur 'spieëling' waardeur jy jou vriendin se gebaar herhaal met die teenoorgestelde hand of voet. Jy sal haar nie net haar ooglopende lyftaaltekens nadoen nie, maar ook subtieler dinge soos senuweeagtige gewoontetjies en vreemde maniere van woorde uitspreek.

Julle sal moontlik dieselfde soort klere begin dra, na dieselfde musiek luister en by dieselfde soort restourante eet. Dis nie net 'n geval van soort soek soort nie. Deur dieselfde styl aan te neem, sê julle doelbewus vir die wêreld julle is dieselfde soort persoon. Antropoloë noem dit 'skakeltekens'. Dis die opsigtelikste by tieners. Almal wat deel is van 'n groep dra dieselfde wapens of T-hemde. Maar volwassenes is net so verknog aan hierdie 'skakeltekens' – dink maar aan hoe mense oor hulle voete val vir Gucci-handsakke of om by moderne gyms aan te sluit!

Namate julle vriendskap ontwikkel, kan jy verwag dat die tekens van 'n noue verbintenis al meer sal word – wat wel sal gebeur. Interessant genoeg word dit egter mettertyd minder namate julle gemakliker en meer vertroud raak met mekaar. Wanneer jy dus by 'n vriendin is wat jy al jare ken, miskien sedert julle kinderjare, skenk julle dikwels nie spesifiek aandag aan mekaar nie. Julle sit dalk langs mekaar, maar daar is geen oog- of fisiese kontak nie. Julle stemme is laag, amper monotoon, julle houdings ontspanne. Julle sal nie ooglopend probeer aanpas by mekaar se gebare en styl nie. Trouens, dit kan lyk asof julle totaal ongeïnteresseerd is in mekaar.

Al wat gebeur het, is dat die aanvanklike leerproses afgehandel is. Jy weet hoe die ander persoon beweeg, so jy hoef nie direk na haar toe te draai om haar dop te hou nie. Julle weet julle is na aan mekaar, dus hoef julle nie doelbewus by mekaar se gebare te probeer aanpas nie.

Al die tekens van ooreenkoms tussen julle is subtiel geïntegreer. Julle haal perfek saam asem, julle oë knip op dieselfde oomblik en as die een bleek raak van senuweeagtigheid of bloos van skaamte, sal die ander een outomaties dieselfde tekens toon. Wanneer julle saam die straat afstap, sal jy nie soos vir 'n gewone kennis hoef te sê dat jy wil regs draai en die straat oorsteek nie. 'n Hegte vriendin sal saam met jou draai en die pad oorsteek sonder dat een van julle twee besef die mikroleidrade het vir alles gesorg.

IN BY DIE IN-GROEP Wat as jy nie bevriend is met net een mens nie, maar met 'n hele groep? Om met 'n groep kontak te maak, kan 'n groot uitdaging wees. Dit maak nie saak of die groep tydelik is of al lankal bestaan nie – daar is altyd 'n 'inisiasie'-tydperk waarin jy moet wag dat mense sien jy is 'OK' voor hulle jou werklik aanvaar. Dit kom oorspronklik van ape af, waar 'n nuweling eers goed deurgekyk word om te sien of hy 'n bedreiging is vir die trop.

In 'n sosiale situasie moet jy jou groep versigtig kies in omstandighede waar groepe net vir kort tye vorm. Besluit na aanleiding van die nie-verbale tekens watter groep om te nader. Harde stemme en baie aktiwiteit sê vir jou die lede van die groep ken mekaar lankal en hulle sal jou nie maklik betrek nie. Groepe waar net een persoon die leiding neem, sal dit vir jou moeilik maak om jouself te laat geld. Kies byvoorbeeld eerder 'n groep wat klein genoeg is vir enigeen om by aan te sluit of een wat so groot is dat mense in die groep na mekaar toe kan draai om tussendeur te gesels. Of kies 'n groep waar jy iemand ken wat jou kan betrek.

van aangesig *tot aangesig*

Dis selde aanvaarbaar vir iemand om te begin saampraat die oomblik wat hy of sy aansluit by 'n groep. Uitsonderings is mense met hoë status, soos 'n gasheer of -vrou of 'n baie belangrike persoon, 'n ekstrovert of dominerende persoon wat die gesprek probeer oorneem, en kinders – wat vergewe word omdat hulle nog nie die sosiale reëls ken nie. Vir alle ander mense is die ongeskrewe reël om eers net nie-verbale tekens te gee om te wys jy is nie 'n bedreiging nie. Bly stil, kyk vir wie ook al praat, en pas geleidelik aan by die groep – lag wanneer hulle lag en knik wanneer hulle knik.

Jy kan die tydperk waarin jy 'deurgekyk' word, verkort deur bogenoemde tekens net effens te oordryf sodat jy meer opmerkbaar is en mense jou dan onbewustelik gouer as veilig sal beskou.

Oliver, HEEL LINKS, is die 'leier'. Omtrent die hele groep kyk vir hom en Stefan het dieselfde armposisie as hy ingeneem. Alida staan agter Oliver en speel die rol van gasvrou, wat gekenmerk word deur 'n neiging om oogkontak te maak met verskillende lede van die groep, vorentoe te leun en die kop skuinser as gewoonlik te draai. Ryno, HEEL REGS, se afwaartse kyk, stil houding en saamgeklemde hande vir beskerming is tipies van 'n sosiale 'randeier'. Langs hom op die bank is Isabel: 'n ekstrovert of 'hanswors' wat met oordrewe gebare die aandag op haarself probeer vestig, al slaag sy nie altyd daarin nie.

Wanneer jy uiteindelik 'n kans kry om te praat, volg die algemene riglyne, en moenie te veel sê nie. Gewoonlik sal jy gou weer 'n kans kry om te praat en jou posisie in die groep sal gevestig wees.

van aangesig tot aangesig

AANVAARDING Dis moeiliker om by 'n gevestigde groep ou vriende aan te sluit as by 'n tydelike groep kennisse. Daar is meer onsekerheid en vyandigheid – selfs al word jy voorgestel as iemand se gesellin, sal mense nog steeds wonder of jy nie 'n bedreiging vir hulle gaan wees nie. Is jy dalk aantrekliker of intelligenter as die bestaande groeplede? Sal jy die groepsdinamiek versteur?

Soos in enige verhouding help dit om te praat. Sinvolle gesprekke met van die groeplede sal 'n verstandhouding tussen julle kweek terwyl julle ervarings en gevoelens deel.

Maar moenie verwag om gou toegelaat te word om in die groep te gesels nie. Gevestigde klieks muilband dikwels 'n nuwe lid – deur nie enige 'jou beurt'-tekens te gee nie – tot hulle hom of haar

Nina se aankoms verander die dinamiek. Sy wys haar belangstelling in Oliver deur 'n verleidelike beenposisie, wat beklemtoon word deur haar hand. Haar afwerende linkerarm sê vir Stefan sy is skaars van hom bewus. Alida se neergeslane oë en weggedraaide liggaamshouding wys sy voel uitgesluit uit die groep – hoewel die manier waarop sy meer direk na Oliver toe gedraai is, duidelik wys hoe sy oor hom voel. Isabel het na Ryno toe gedraai. Hy ontspan nou en glimlag, maar is nog steeds nie heeltemal gemaklik nie. Sy hande is nog voor hom saamgeklem en hy kan Isabel nie direk in die oë kyk nie.

vertrou. As jy probeer om tussenbeide te kom of iemand dood te praat, sal die groep soos een man saamstaan en jou uitsluit deur jou te ignoreer, 'bo-oor' jou te praat of jou in 'n beskaafde dog ysige stilte aan te kyk.

van aangesig *tot aangesig*

Die beste manier om te vorder, is om jou op nie-verbale tekens toe te spits. Maak seker dat jou lyftaal nie individuele lede of die bestaande groepsdinamiek bedreig nie. Moenie dinge eerste doen of die leiding probeer neem nie. Staan terug vir etes, drankies of enigiets waarvoor mense 'n informele ry vorm. Laat die ander voor staan. Wees bewus van en respekteer ongesproke 'gebiedswette' in die groep. Moet byvoorbeeld nie gaan sit voor jy seker is jy het nie dalk iemand se 'spesiale' stoel gekies nie. Let op na enige groepgewoontes, soos om na 'n spesifieke TV-program te kyk, en moenie dit teengaan deur aan te dring om na 'n ander kanaal toe oor te skakel nie. Bied jou hulp aan met laestatus-werkies soos skottelgoed was en afdroog, eerder as wat jy verwag om die hoëstatus-werk van gasvrou speel te kry.

Die eerste tekens van aanvaarding wat jy kry, is altyd nie-verbaal. Die groep sal stelselmatig meer aandag aan jou skenk, meer vir jou kyk en glimlag, en jy sal begin 'jou beurt'-tekens kry. Wanneer jy dan die geleentheid kry om te praat, kan jy jou sukses meet aan die stilte wat volg: is dit beleefd, met effens neergeslane, onbelangstellende oë en 'n ongemaklike gevroetel, of is dit ontspanne met skuinsgedraaide koppe en instemmende knikke? Let op of mense nader aan jou kom en aan jou raak, of dalk skielik bereid is om saam met jou 'in te druk' op 'n klein bankie. Mettertyd kry jy nie net jou eie letterlike gebied soos 'n spesifieke plek aan tafel nie; jou metaforiese gebied word ook afgebaken – 'n gebied waarop jy as 'n kenner beskou word of 'n aktiwiteit waarin jy 'die beste' is. Uiteindelik sal die lyftaal in die groep vriende dieselfde empatie ontwikkel as wat mens in 'n een-tot-een vriendskap kry. Lede van 'n groep pas onbewustelik by mekaar aan, hulle is instinktief bewus van ander lede se buie en gedagtes, en almal beskik oor die vermoë om na aanleiding van iemand se lyftaal te voorspel wat hy of sy volgende gaan doen.

Die doodsnikke van 'n vriendskap – houdings pas nie aan by mekaar nie, gebare is verdedigend en oogkontak moeilik.

van aangesig *tot aangesig*

van aangesig *tot aangesig*

DIE EINDE VAN 'N VRIENDSKAP Vriendskappe tussen mense of groepe verflou baie keer met verloop van tyd. 'n Rusie knak soms 'n vriendskap, maar mense verloor meer dikwels bloot hulle gemeenskaplike belangstellings en dryf uitmekaar. Jy weet goed hoe jy voel oor jou vriende, maar maatskaplike norme keur direkte konfrontasie oor sulke dinge af. Hoe kan jy dus weet wat hulle van jou dink? Dis eenvoudig: let op al die nie-verbale tekens om te sien of hulle nog van vriendskap spreek. (Wanneer jy 'n groepsituasie probeer ontleed, let op die tekens tussen jou en elke lid van die groep.) As jy na 'n vriend toe beweeg, staan hy ook nader – 'n onwillige vriend gee pad. 'n Ou vriend sal oogkontak met jou verwelkom – iemand wat nie meer in jou belangstel nie, sal sy oë knip en wegkyk. 'n Goeie vriend sal by jou aanpas, selfs op baie subtiele maniere – 'n slegte vriend sal 'uit pas' wees met jou.

Gee jou lyftaal jou vriend nog 'n gelyke kans? Maak julle nog beurte tydens gesprekke, of doen die een al die praatwerk en die ander een al die luisterwerk? Kyk een van julle dalk uitdrukkingloos hoe die ander een vol emosie oor iets gesels?

Net so, voor 'n vriendskap doodloop, raak jy dikwels bewus van negatiewe emosies. 'n Vriendin sit en vroetel en maak 'ontsnappingsbewegings' terwyl julle saam is. As sy ongeduldig begin klink wanneer jy haar ondersteuning nodig het, of nie kan help om skalks te glimlag wanneer jy in 'n ongemaklike situasie is nie, is die einde in sig.

Die beste manier om sulke probleme op te los, is om daaroor te praat. Maar wat as jy bang is om openlik te praat? Wat as jy verkeerd is en jou vriendin voel seergemaak – of wat as jy reg is en sy is vyandiggesind teenoor jou? In dié geval moet jy kyk wat gebeur as jy jou doelbewus nie-verbaal onttrek aan die vriendskap – selfs nog vinniger as wat jou vriendin dit doen. Wanneer julle weer saam is, moet jy die een wees wat oogkontak vermy, nie by haar aanpas nie, verder van haar af wegsit en emosioneel op 'n afstand is. Gee vir haar 'dubbele boodskappe' met jou lyftaal sodat sy kan agterkom jy is onseker oor die vriendskap.

Jou liggaamshouding, gesigsuitdrukking en oë sê vir mense wat in jou kop aangaan. Karen is hier in 'n 'optyd' – dit beteken sy is op die oomblik betrokke by die buitewêreld. Haar geanimeerde uitdrukking en belangstellende houding wys sy luister aandagtig na wat die persoon wat haar bel vir haar sê.

Hier is Karen in 'n 'aftyd' – sy is onbetrokke by wat om haar aangaan. Sy leun terug in die stoel, haar houding is vaag en haar oë staar in die niet in. Sy dink of fantaseer. Sy het haar onttrek en is letterlik in 'n wêreld van haar eie.

van aangesig *tot aangesig*

As jy aanhou om dit te doen, sal een van twee dinge gebeur. Jou vriendin sal verlig wees om te sien jy het ook belangstelling verloor en sy sal jou nie weer kontak nie. Of sy sal bekommerd wees en jou vra wat fout is. Wat ook al haar reaksie, die vriendskap kan óf nou beëindig word óf julle kan met hernieude ywer daaraan werk.

Tyd alleen

Ons het tot dusver nog net na die lyftaal van interaksie gekyk. Maar jy wil soms ook alleen wees.

Mense het nie net op 'n daaglikse basis tyd alleen nodig nie. Ons het dit, interessant genoeg, ook op 'n oomblik-vir-oomblik basis nodig. Hoewel jou dag grootliks bestaan uit kyk, luister, praat of doen, moet jy elke paar sekondes 'wegglip' om jou brein kans te gee om dit wat gebeur, te verwerk en om te dink wat jy volgende wil sê. Die sielkundige benaming hiervoor is 'aftyd' (in teenstelling met 'optyd', wanneer jy betrokke is by die buitewêreld). Iemand wat in 'aftyd' is, draai haar kop weg en laat sak haar een skouer. Sy kyk vir 'n oomblik na regs of na links. Sy kou haar lippe en hou haar asem op. Haar brein is besig om dinge te verwerk.

Jy moes al duisende kere gesien het dat mense in 'aftyd' is, maar jy het moontlik nooit geweet presies wat jy sien of wat dit beteken nie. As jy besef iemand is in 'aftyd', weet jy hoe om toepaslik te reageer en kan jy tred hou met wat in sy of haar kop aangaan. Jy sal weet om nie van iemand te verwag om met jou in 'optyd' te verkeer nie.

As iemand dus wegkyk terwyl jy met hom praat, moenie net aanvaar dat hy nie belangstel nie, en moet ook nie net aanhou praat nie. Hy is vir 'n oomblik afgesluit van die buitewêreld en jy sal baie meer bereik as jy stadiger praat of stilbly om hom kans te gee om te dink. As iemand wegglip in 'aftyd' terwyl hy self praat, beteken dit hy wil dink voor hy aangaan. Gun hom dit! Moenie hom onderbreek met 'n vraag nie – en moenie 'aftyd'-tekens verwar met 'jou beurt'-tekens (sien bladsy 29) en net voortgaan met jou eie opmerkings nie. Wag eerder totdat hy sy kop lig en jou weer in die oë kyk voor jy aangaan met die gesprek.

47

van aangesig *tot aangesig*

Jennifer se 'gaan weg'-tekens (krom skouers en neergeslane oë) word totaal geïgnoreer deur Henk, wat nie net haar persoonlike ruimte betree nie (nader as een meter), maar boonop vorentoe leun, haar aanstaar en sy hande weerskante van haar sit. Hy haal letterlik in haar nek asem.

DIE KOUE SKOUER Afgesien van vlugtige oomblikke van 'aftyd' het ons ook langer tye alleen nodig, veral wanneer ons konsentreer, na baie harde werk, wanneer ons onder spanning verkeer of om te herstel na 'n moeilike dag. Moenie hierdie behoefte aan tyd alleen verwar met 'n introvert wat 'n

van aangesig *tot aangesig*

Hier is 'n meer beleefde en effektiewe manier om nader te kom. Henk leun effens terug om minder dreigend te lyk en sy hande is veilig in sy sakke. Hy het heel moontlik al vroeër begin praat sodat Jennifer weet hy kom na haar toe. As sy nou omdraai na hom toe, sal die afstand tussen hulle genoeg wees sodat sy nie hoef te voel hy het haar persoonlike ruimte betree nie.

diepgesetelde sensitiwiteit vir stimulasie het nie. Die tye wanneer ons desperaat nodig het om alleen te wees, is wanneer ons, net soos gesofistikeerde rekenaars, tyd nodig het om te herstel sodat ons die massa stimulasie wat van die buitewêreld af kom, kan verwerk.

Jy weet heel moontlik wanneer jy tyd alleen nodig het. Jou liggaam gee vir jou en ander mense duidelike tekens daarvan. Jy voel 'vaag' en die buitewêreld stimuleer jou nie meer nie. Jy onttrek, beweeg weg van ander en vermy oogkontak. Jy laat sak jou kop of lig jou skouers om stimulasie van buite af te weer. Jy is geneig om nie te reageer as iemand met jou praat of aan jou raak nie. Jou hele liggaam verminder sy vermoë om inligting te ontvang, want jy is te besig om dinge wat vroeër gebeur het of gesê is te verwerk.

As jy nie die nodige tyd alleen kry nie sal die innerlike tekens al meer word. Jy raak gespanne, senuweeagtig en geïrriteerd. Dis 'n teken dat jou liggaam hulp nodig het, net soos wat dit nie sonder vloeistof en kos kan klaarkom nie. Onttrek jou en wys dit ook duidelik deur jou lyftaal. Laat sak jou kop of sit jou hande weerskante van jou oë vir 'oogklappe' of oor jou ore soos 'oorpluisies'. Maak jou oë toe – dis 'n onmiskenbare nie-verbale teken van: 'Gaan weg. Ek wil nie gesteur word nie.'

Jy kan jou ruimte ook fisies 'versper'. Bou 'n muur om jou met 'n afwerende arm, boeke, lêers, 'n stoel of die mees opsigtelike van alle versperrings – 'n toe deur. Sit jou eie persoonlike 'merkers', soos jou jas en jou handsak, weerskante van jou sodat mense weet hulle moenie nader kom en kom sit nie. Druk jou elmboë uit en laat jou hele liggaam waarsku: 'Ek wil alleen wees.'

Jy kan jou ook wend tot die natuurlike 'vyandige' tekens wat jou liggaam instinktief gebruik om jou meer aggressief te laat lyk teenoor mense wat daarop aandring om met jou te probeer gesels. Jy mag byvoorbeeld vind dat jy frons en jou lippe saampers of jou skouers optrek – die spreekwoordelike 'koue skouer'. Dis natuurlik nie 'n goeie idee om sommer blindweg en sonder rede sulke tekens te gee nie – teen die tyd dat jy weer

van aangesig *tot aangesig*

terugkom na 'intyd' het jy dalk nie meer enige vriende oor nie! Maar as jy werklik tyd alleen nodig het, kan jy staatmaak op jou liggaam se natuurlike metodes om jou te beskerm.

JAMMER OM TE PLA Wat gebeur as jy die een is wat sulke nie-verbale 'los my uit'-tekens kry? Eerstens moet jy onthou sulke gedrag word nie persoonlik bedoel nie en die persoon het werklik jou ondersteuning en begrip nodig. Dis die beste om so iemand dan met rus te laat – op die lange duur sal julle verhouding ook daarby baat. Onthou dus, as jou vriendin langs jou in die motor 'aftyd' nodig het na 'n vermoeiende konsert of as jou maat elke aand vir 'n halfuur lank alleen voor die televisie wil sit, gun hulle dit.

As jy dringend met iemand wat wil alleen wees, moet praat of vir haar iets moet vra, sal dit help as jy voor die tyd 'n formele 'waarskuwingsteken' gee. As jy dus van 'n afstand af nader kom, gaan staan jy voor jy haar intieme persoonlike gebied betree, ten minste 'n meter van haar af. Klop aan die deur as daar een tussen julle is, of maak keel skoon ('n beleefde teken om verskoning te maak as jy steur wat selfs deur gorillas gebruik word), eerder as om sommer net dadelik te begin praat.

Wanneer jy 'n persoon wat alleen wil wees se aandag het, moet jy julle interaksie tot 'n minimum beperk. Vergeet van verstandhoudingstekens. As iemand se liggaam alreeds oorgestimuleer is, sal jy haar letterlik paniekerig maak as jy te naby aan haar kom, vorentoe leun en aandring op oogkontak. Bly dus eerder op 'n afstand, bly staan om te wys dat jy gou weer gaan loop, en weerstaan die versoeking om enige beskermende 'mure' te verwyder. Praat sag en stadig sodat jy haar gestel nie nog meer stimuleer nie en los haar alleen sodra jy gekry het wat jy soek.

Wees verseker, die menslike liggaam vra nooit meer tyd alleen as wat hy nodig het nie. Respekteer dus 'n persoon se behoefte aan alleen wees en heel moontlik sal sy binnekort vir jou nuwe nie-verbale tekens gee wat wys dat jy maar mag terugkom en dat sy weer gereed is vir gesels.

In die openbaar

Sodra jy by jou huis uitgaan en die 'openbare gebied' betree, sal jy agterkom dat mense ander soort lyftaaltekens gebruik. Openbare lyftaal verskil subtiel van private lyftaal, want jy ken nie die mense wat betrokke is nie en jy sal hulle ook waarskynlik nooit leer ken nie. Wanneer jy omring is deur vreemdelinge mag jou lyftaal gevolglik meer 'verdedigend' wees as wanneer jy tussen vriende is.

Jy sal vind dat jy in die openbaar die 'koue skouer'-lyftaalteken gebruik – jy maak asof die mense om jou nie werklik daar is nie. Op 'n oorvol trein sal jy byvoorbeeld in die niet instaar, 'deur' mense kyk al is hulle gesigte vlak by joune, jou nek in jou skouers intrek en jou 'doof' hou vir die gesprek tussen mense reg langs jou. Jy sal bewegingloos staan, selfs al is die persoon voor jou se arm opgetrek tot teenaan jou kop.

VERKEERSBEHEER Jy kan ander mense egter nie altyd ignoreer nie. Ons het dus nie-verbale tekens ontwikkel vir die tye wanneer ons noodgedwonge moet betrokke raak. Die mees basiese soort interaksie is wanneer jy saam met ander mense met 'n sypaadjie langs moet beweeg: julle loop sy aan sy, jy steek iemand verby, iemand steek jou verby, julle kom van aangesig tot aangesig teenoor mekaar te staan. Om die proses so glad moontlik te laat verloop, moet jy onthou om nie te slenter nie, want dis 'n nie-verbale teken aan ander dat jy enige oomblik gaan stop en dit frustreer hulle en maak hulle ongeduldig. Beweeg eerder vinnig en doelgerig. Gee jouself beweegruimte deur jou liggaam te 'vergroot', maak jou skouers breed en reguit en steek jou elmboë uit. Fokus met jou oë 'n hele ent van jou af sodat iemand wat van voor kom, dink jy gaan hulle nie sien nie en dan instinktief uit jou pad uit beweeg. Dié strategie sal jou vinnig en maklik met sypaadjies langs laat beweeg, solank jy momentum behou.

As jy in 'n 'bottelnek' beland, moet jy vinnig van taktiek verander. Maak jouself so klein en maer as moontlik, glip versigtig verby mense en vermy liggaamlike kontak. Let op hoe mans in so 'n

van aangesig *tot aangesig*

Sy is duidelik gespanne omdat die polisie haar gestop het. Sy frons, haar skouers is opgetrek en haar hande word senuweeagtig saamgeklem.

'verbyskuur'-situasie na iemand toe draai sodat hulle enige moontlike aanval die hoof kan bied, terwyl vrouens wegdraai en hulle arms oor hulle borste en geslagsdele hou. Onthou ook dat mense 'n natuurlike neiging het om te 'sein' dat hulle van rigting wil verander deur hulle liggame – of 'n skouer of arm – te draai in die rigting waarheen hulle wil gaan. Mense wat agter jou stap, sal sulke tekens van jou registreer, dikwels onbewustelik, en jou kans gee om van rigting te verander.

WORD JY BEDIEN? 'n Ander alledaagse openbare interaksie is met mense wat jou bedien. Die eerste stap tot sukses is om betrokke te raak. Wees selfversekerd en druk jou baie duidelik uit, want jy ding dikwels met heelwat ander kliënte mee om aandag. Lig jou hand ferm en sigbaar wanneer jy langs die pad staan en 'n taxi wil stop, kom doelgerig by 'n restaurant in, lyk selfversekerd en soek dadelik oogkontak.

Verwag een of ander erkenning van jou teenwoordigheid. Soek vir 'n glimlag of knik sodat jy weet jy is raakgesien en gaan geholpe raak – al moet die taxibestuurder eers 'n U-draai maak om by jou uit te kom, of al is die kelner eers besig om 'n ander tafel te bedien. As jy geen reaksie kry nie, moet jy jou tekens vergroot eerder as om net te staan en wag. Jy kan met jou hand waai of van posisie verander sodat die persoon dit uit die hoek van sy oog kan raaksien, of maak so 'n groot gebaar dat hy dit nie kan miskyk nie.

Die tweede stap in bedieningsinteraksie is om te werk aan 'n wedersydse verstandhouding. Hier probeer die een wat jou bedien net so hard soos jy kontak maak deur lyftaal. Moet egter nie dieselfde 'intimiteit' as met vriende verwag nie. Personeel by

van aangesig *tot aangesig*

Alhoewel lyftaal alleen jou nie op straat sal beskerm nie, kan dit help om aanvallers af te skrik. Linda lyk hier na 'n maklike prooi – sy't 'n bang houding, haar kop hang, haar skouers is krom – tipiese tekens van 'n slagoffer.

plekke wat jou bedien, word opgelei om nie té betrokke te raak nie en hulle sal ongemaklik voel as jy te naby aan hulle kom of te veel oogkontak maak.

Gebruik altyd duidelike nie-verbale tekens. Openbare plekke is baie keer raserig en woorde kan verkeerd verstaan word. Jy kom net vlugtig in aanraking met 'n persoon – julle het nie tyd om tot 'n verstandhouding te kom nie, en dus moet jy duidelik wys wat jou behoeftes is. By 'n kroeg is dit beter om nie-verbaal te wys wat jy wil drink, eerder as om net daarvoor te vra in woorde. As jy reageer op 'n vraag, moet jy jou kop knik of skud om die woorde 'ja' of 'nee' verder te beklemtoon.

Maak seker dat jy duidelik wys of 'n transaksie afgehandel is of nie. As jy byvoorbeeld vir 'n kelner in 'n restaurant wil wys jy is gereed om te bestel, moet jy die spyskaart toemaak. 'n Oop spyskaart beteken jy besluit nog. As jy vir 'n winkelassistent nog iets wil vra nadat sy jou pakkie vir jou gegee het, gebruik die 'vraag'-posisie van 'n skuinsgedraaide kop en 'n effense glimlag, of die 'my beurt'-gebaar van 'n ingetrekte asem en geligte vinger voordat sy outomaties begin aanbeweeg na die volgende kliënt toe.

Probeer 'n positiewe indruk maak op winkelpersoneel sodat hulle jou die volgende keer goedgesind sal wees. Die beste manier om tot siens te sê, is om die verstandhoudingslyftaal van 'n glimlag en direkte oogkontak te gebruik – jy wys sodoende jy 'ontmens' hulle nie soos wat baie kliënte doen nie. Maar wees ook versigtig; as jou lyftaal 'n werker te 'intiem' met jou laat raak, kan die persoon se bestuurder hom later daaroor aanspreek. Selfs die vriendelikste kelner sal ongemaklik raak as jy vir langer as wat nodig is aandring op sy aandag terwyl ander kliënte wag en die baas vir hom kyk.

WIE'S IN BEVEL? Van die senutergendste voorbeelde van openbare interaksie is wanneer jy met mense in gesagsposisies te doen kry – 'n boetebessie wat verbystap terwyl jy die parkeermeter voer, 'n konducteur wat jou kaartjie kom knip. Hoewel hulle teoreties daar is om jou te help as jy 'n probleem het, is hulle ook daar om die stelsel 'af te dwing'. Hulle lyftaal is spesiaal aangepas om meerderwaardigheid te suggereer, hulle uniforms en pette laat hulle langer en breër lyk, en hulle word geleer hoe om jou te domineer en 'in die grond in' te kyk.

Hier sal 'n voornemende aanvaller nie so maklik toeslaan nie. Linda se regop houding, haar geligte kop en direkte kyk vol selfvertroue wys sy is gereed om wat ook al gebeur, te hanteer. Haar arm en hand wat sterk en beskermend op haar handsak rus, sal 'n grypdief twee keer laat dink voor hy haar nader.

van aangesig *tot aangesig*

van aangesig *tot aangesig*

Jou lyftaal reageer oomblikliks en spontaan hierop, of jy nou skuldig is aan iets of nie. Kyk 'n bietjie volgende keer hoe reageer ordentlike en onskuldige passasiers wanneer die kondukteur verskyn: nekke buig om die verdedigende 'kop af'-posisie in te neem, party vroetel senuweeagtig om hulle kaartjies te kry en ander begin 'ontsnappings-bewegings' maak met hulle hande en voete. Wat is dus die beste manier om hierdie soort situasie te hanteer? 'Dominante' lyftaal wat gesag uitdaag en 'onderdanige' lyftaal wat jou daaraan onderwerp, werk nie een nie, want mense in gesagsposisies word opgelei om albei te wantrou en sal dus dienooreenkomstig optree. Laat jou lyftaal eerder wys jy is ontspanne en in beheer van jouself, maar jy erken en respekteer die rol wat hulle hier in hulle werksomstandighede speel. Vrouens het, interessant genoeg, 'n ingeboude voorsprong in sulke situasies, want die meeste gesagsfigure word minder deur vrouens bedreig as deur mans.

As die polisie jou van die pad laat aftrek, moet jou lyftaal vir hulle wys jy is nie 'n bedreiging nie. Bly sit in jou motor as dit enigsins moontlik is. As 'n polisieman jou vra om uit te klim, doen jy dit, maar moenie dadelik uitrys tot jou volle lengte nie. Hou jou skouers effens krom en jou kop geboë. Kyk, maar moenie staar nie – direkte en konfronterende oogkontak, gekombineer met ander dominansie-tekens, gee 'n uitdagende boodskap. Moet ook nie dadelik 'n verstandhouding met die polisieman probeer opbou nie, want dit kan geïnterpreteer word as oorvriendelikheid. Wees eerder meer bedees en sorg dat daar deurentyd 'n aangename uitdrukking op jou gesig is.

Tree vinnig op, wees bedagsaam en hulpvaardig. As hulle jou vra vir jou rybewys, stribbel jy nie eers teë voor jy dit uithaal nie en as hulle jou vrae vra, antwoord jy hulle sag en sonder huiwering. Jy mag miskien bewerig voel, want jou liggaam sal, soos wat ons vroeër gesê het, outomaties paniek registreer. Haal dus diep en stadig asem en bly kalm.

Laastens moet jy op die uitkyk wees vir die oomblik wat die polisieman jou 'deurlaat'. 'n Persoon in 'n gesagsposisie gee duidelik tekens van dominansie om te voorkom dat daar enige probleme ontstaan, maar daar kom 'n oomblik tydens elke interaksie wanneer hy begin ontspan omdat hy besluit het jy is nie 'n bedreiging nie. Sodra dit gebeur, kan jy begin om vriendeliker te reageer op sy minder streng gebare, sy meer ontspanne houding en effense glimlag. Moet dit egter nie te ver voer nie, want dan kan hy weer bedreig voel.

TUIS IN 'N SKARE Die mees 'betrokke' openbare interaksie is om deel van 'n skare te wees. Jy sal dit geniet as jy daarvan hou om saam met baie mense te wees. By 'n groot konsert of sportbyeenkoms mag jy die adrenalien in jou voel opstoot of ligghoofdig raak. Dit is nie net omdat al jou sintuie gelyktydig gestimuleer word nie; wanneer 'n groot klomp mense bymekaar kom, begin hulle op 'n baie diep vlak by mekaar aanpas. Daar is iets baie bevredigends daaraan om deel te wees van 'n gehoor wat saam op hulle voete spring om applous te gee, om 'in ritme' te wees met soveel ander mense. Maar dit kan ook die teenoorgestelde uitwerking op jou hê. Jy kan skielik paniekerig word, of siek en bewerig, of selfs kwaad en aggressief. Dan sal jy nie meer saam en in ritme met die skare beweeg nie – jou kleur sal begin verander en jy sal swaar asemhaal, alles onmiskenbare liggaamlike tekens dat jy bedreig voel deur die betrokke situasie.

Wanneer jy so in ritme is met 'n groot skare se lyftaal en daarby aanpas, mag jy dinge begin doen wat jy nie normaalweg sou doen nie. As dit gebeur, of jy raak bewus van enige van bogenoemde negatiewe simptome, moet jy dadelik iets daaraan doen. Verwyder jouself uit die situasie, al is dit net vir 'n kort rukkie; kom weg van die beweging en die geraas. As dit onmoontlik is, hou op om saam met die skare te skree en te beweeg, probeer stilsit en druk jou ore en oë toe totdat jy kalmer voel.

'n Straatkarnaval: daar is genoeg ruimte sodat mense vryelik kan beweeg. Almal se houdings en gebare is gemaklik; hulle swaai hulle arms uit vreugde; hulle uitdrukkings is ontspanne en lede van die groep maak oogkontak.

van aangesig *tot aangesig*

3

Of dit 'n nuwe of ou verhouding is, woorde is dikwels onbelangrik – wat tel, is wat jy doen, eerder as wat jy sê.

liefdestekens

lyftaal by seksuele verhoudings

Dié afdeling kyk na die subtiele maniere waarop jou nie-verbale boodskappe 'n verhouding kan maak of breek. Dit beskryf die lyftaaltekens wat mense aanvanklik na mekaar aantrek, hoe om belangstelling te wys, by mekaar uit te kom, en 'n verhouding seksueel te ontwikkel. Dit kyk ook na emosionele lyftaaltekens, maniere waarop lyftaal jou kan help om probleme te identifiseer en op te los, en gee wenke oor hoe om moeilike tye te hanteer. Ons kyk ook na nie-verbale tekens van liefde, in al sy fases.

Liefde met die eerste oogopslag

'n Mens is geneig om te dink fisiese aantreklikheid is die sleutel tot 'n vervulde verhouding, maar dis nie die geval nie. Aantreklike mans en vrouens kry wel meer aandag in die media en die regte lewe, want buitengewone aantreklikheid is iets ongewoons en is dus al verhef tot 'n soort statussimbool. Navorsing het egter getoon dat die meeste mense ligloop vir iemand wat aansienlik aantrekliker as hulle is, en dat hulle eerder geneig is om 'n langtermyn-verhouding aan te knoop met iemand wat op hulle 'vlak' van aantreklikheid is.

Wat is dan die groot aantrekkingskrag? Mans word daarvan beskuldig dat hulle net in 'n vrou se liggaam belangstel en in niks anders nie, maar opnames toon dat albei geslagte oorspronklik

liefdes_tekens_

liefdes*tekens*

aangetrokke voel tot 'n moontlike maat se gesig. Dit maak sin: die gesig wys wat iemand se basiese persoonlikheid en sy gemoedstoestand van die oomblik is. Volgens navorsing is normaliteit die bepalende faktor. Hoe meer 'n gesig aanpas by die 'smaak'-norme van 'n samelewing, hoe aantrekliker sal dit vir ander mense wees. Die neiging om die konvensionele te kies, is ingebore. Babas so jonk soos twee maande reageer meer positief teenoor 'normale' gesigte as ongewones.

Bo en behalwe dié instinktiewe neiging is daar bewyse dat vroue mansgesigte verkies wat meer 'volwasse' lyk, terwyl mans weer jonger en meer 'kinderlike' vrouegesigte verkies. Of ons nou hou van wat dit oor mans en vrouens se onderskeie rolle impliseer of nie, 'n man met 'n sterk kakebeen, ken en neus wat tekens gee dat hy volwasse, verantwoordelik en beskermend is, sal aantrekliker wees vir die vroulike geslag. Aan die ander kant sal 'n vrou met 'kinderlike' tekens – babatekens soos 'n klein neusie, ronde wange en 'n klein kennetjie – tot 'n man se beskermingsinstink spreek. Dit mag dalk verklaar hoekom soveel vrouens hulle kenne en neuse deur plastiese snykunde laat 'regmaak'. Namate vrouens egter meer dominante posisies in die samelewing begin beklee, word 'volwasse' kenmerke soos 'n groot neus en sterk ken al meer as vroulik en aantreklik beskou.

Wanneer dit kom by die oë, die belangrikste kenmerk van die gesig, is die maatstaf: hoe groter en ligter, hoe beter – as gevolg van 'n basiese menslike refleks. Jou pupille vergroot outomaties wanneer jy in iets belangstel. Die persoon vir wie jy kyk, kry dus die boodskap dat jy van hom hou; hy voel gevlei en vind jou dan op sy beurt ook aantreklik. Groot, ligte oë wys sulke tekens meer. Dit lyk dus asof so iemand meer belangstel en gevolglik kry sy dan ook meer belangstelling.

Velkleur het ook 'n invloed op mense se keuse van 'n maat. Party hou van 'n ander velkleur as hulle eie, maar die meerderheid mense knoop langtermyn-verhoudings aan met mense wat dieselfde rasse-agtergrond het as hulle. Dit lyk of daar waarheid steek in die teorie dat blondines gewilder is. Opnames in Westerse kulture toon dat die meeste mans dink blondines (en 'bottel'-blondines) is meer ekstrovert en borrelend – hoewel minder intelligent en minder betroubaar in langtermynverhoudings. Brunette word algemeen gesien as ernstiger, intelligenter en sterker, en rooikoppe as hartstogtelik en buierig.

Op die lyf af

Wat is aantreklik aan iemand se liggaam? Sowel mans as vroue lyk intelligenter en sterker as hulle lengte gemiddeld of bogemiddeld is – tussen 1,6 en 1,7 meter vir vrouens en 1,7 en 1,8 meter vir mans. 'n Baie langer vrou kan intimiderend lyk. Dis selfs vandag nog so dat feitlik alle mans daarvan hou om 'n korter maat te hê wat hulle eie lengte sigbaar beklemtoon. Om korter as die normale (1,58 m) te wees, hou 'n verdere romantiese voordeel in vir vrouens – mans voel aangetrokke tot klein en kwesbare vrouens, want hulle wil hulle beskerm.

'n Man wat langer as die gemiddelde is, sal nie dieselfde probleme as 'n buitengewoon lang vrou ondervind nie. Hy sal gewoonlik suksesvoller wees, romanties en professioneel, want hy gee nie-verbale tekens dat hy selfvertroue het en in beheer is. 'n Kort man is egter slegter daaraan toe omdat sy lengte die teenoorgestelde indruk gee.

Navorsing wys egter dat kort mans wat wel sukses behaal in die samelewing en in liefdesverhoudings in werklikheid meer suksesvol as mans van gemiddelde lengte is. Hulle is geneig om sterker

---

Blondines, rooikoppe en brunette het almal verskillende persoonlikhede, maar vir 'n meer akkurate lesing moet jy ook 'n vrou se persoonlike lyftaal in ag neem. Isabel, LINKS, se glimlag en die manier waarop sy haar bene vertoon, bevestig die teorie dat sy 'n vriendelike, ekstroverte blondine is wat hou van mense en pret. Nina, in die MIDDEL, se effens koketterige houding pas by die 'hartstogtelike rooikop'- teorie, maar haar vriendelike glimlag en direkte kyk weerspreek dit. Alida, REGS, sit regop, bene bymekaar en arms gevou. Dit kan beteken dat sy skaam en teruggetrokke is en dat brunette dus ernstiger is, maar dit weerspreek die teorie dat hulle sterker persoonlikhede het en hulle meer laat geld as ander.

liefdestekens

Jy besluit gewoonlik binne die eerste paar sekondes nadat jy iemand ontmoet het of hy 'n moontlike maat is of nie. Ons besluit dit grootliks op grond van die uiterlike – die oorgrote meerderheid mense word dadelik uitgesluit omdat hulle geslag, ouderdom of ras ons nie aanstaan nie. As jy in iemand belangstel, kyk jy na sy liggaam – is dit die soort waarvan jy hou? – en dan na sy lyftaal – maak dit 'n goeie indruk op jou? Watter een van dié drie mans sal 'n goeie maat wees? As jy 'n vrou is, let op na watter maatstawwe jy gebruik om hulle te beoordeel – ouderdom, lengte, kleur, houding, uitdrukking. (Mans kan dieselfde oefening doen deur te kyk na die foto op bladsy 58.) As 'n mens klaar deur hierdie uitdunproses gegaan het, bly daar op die ou einde, interessant genoeg, skaars enige keuse oor.

persoonlikhede en meer sosiale vaardighede te ontwikkel om te vergoed vir die feit dat hulle nie so 'n sterk visuele indruk maak nie.

Mans beoordeel 'n vrou eers volgens haar gesig en dan haar figuur, maar ouer mans is minder op figure ingestel. Sover dit spesifieke liggaamsdele aangaan, konsentreer mans beslis die meeste op bene, agterstewes en borste. Hierdie liggaamsdele gee die grootste aanduidings van geslagsverskil en hulle beklemtoon ook 'n vrou se 'vroulikheid'.

Vrouens daarenteen, beoordeel 'n man se aantreklikheid nie so pertinent op sy uiterlike geslagstekens nie. Hulle konsentreer eerder op hoe 'n man se gesig, oë en lyftaal sy persoonlikheid weerspieël as op sy breë skouers en harige borskas. Die grootte van 'n man se penis is miskien belangrik in die bed (hoewel vroue 'breër' bo 'langer' verkies), maar dit speel weinig of geen rol by die aanvanklike gevoel van aangetrokkenheid nie.

'n Maer, slank liggaam is nie naastenby so belangrik vir mense soos wat die media probeer voorgee nie. Vrouens kan 'n stewiger man beskou as 'n goeie versorger, 'n beskermer of 'n emosionele trooster. Met 'n onlangse opname het slegs 31% van die mans gesê hulle verkies 'n skraal maat, terwyl ouer mans in besonder hou van 'n voller figuur as wat tans in die mode is.

As iemand se liggaam egter neig om buite verhouding groot te wees, sal so 'n persoon hom of haar vasloop in 'n algemene menslike vooroordeel teen gesetheid – selfs kinders diskrimineer baie keer teen plomp skoolmaats. Daar word tans, ten onregte, geglo dat 'n gesette mens gulsig en lui is, aangesien ons nie beheer het oor ons lengte of velkleur nie, maar wel oor ons gewig.

MODESIN Ons het slegs beperkte beheer oor oorerflikheidsfaktore, maar ons kan ons klere en die beeld wat ons van onsself voorhou, maklik beheer. En hier kry ons een van die groot verskille in mans en vrouens se benadering wanneer hulle besluit of iemand vir hulle aantreklik is. Voorkoms is belangrik vir vrouens, maar dikwels nie naastenby soveel vir mans nie. Hoe 'n vrou aantrek en lyk, is vir haar

As jy 'n vrou is en jy dink klere beïnvloed nie jou keuse nie, kyk na die tweede foto. Kies jy dalk iemand anders omdat hy meer formeel aangetrek is, met 'n ander soort houding en uitdrukking? Gee elke man dalk nou 'n ander indruk van homself?

'n teken van status, intelligensie en sukses. Maar baie mans beoordeel modes en voorkoms nie in so 'n lig nie. 'n Man reageer eenvoudig op die gevoel wat 'n uitrusting by hom ontlok, nie op die 'stelling' wat dit maak nie. Dis hoekom 'n man baiekeer klere kies wat hom nie ten beste laat vertoon nie, of jou komplimenteer wanneer jy nie dink jy lyk goed nie. Wat hy sien, is 'n kleur of tekstuur waarvan hy hou, terwyl jy net pynlik bewus is van die feit dat jou uitrusting al drie jaar uit die mode is.

As vrouens ingestel is op die algemene beeld – informeel, elegant of sexy – wat is dan vir mans belangrik aan kleredrag? Kleur speel 'n groot rol. Party mans verkies helder kleure, ander pastelle,

liefdes*tekens*

en nog ander ryk skakerings, dowwe kleure, of swart en wit. Mans hou ook soms van kontraste of nie-kontraste – die visuele impak van twee verskillende kleure saam of die stiller indruk wat twee skakerings van dieselfde kleur maak. Mans kan hou van patrone of eenvoud, blink of dof, glad of wollerig, satyn of fluweel, beweging of gebrek daaraan in juweliersware en klere.

Die probleem hier is dat sy keuse uit hierdie variasies nie noodwendig vir jou enigiets van hom as mens sê nie. Sommige ekstroverte is geneig om te hou van helder kleure en introverte verkies soms pastelle, maar navorsing kon verder nog geen beduidende verband tussen 'n man se smaak en sy persoonlikheid vind nie.

Al die inligting is egter van nut wanneer jy 'n spesifieke man se voorkeure dophou. As hy altyd sagte, elegante truie dra, sal jou swart en wit uitrusting hom heel moontlik laat frons; as hy hou van gemaklike, los truie sal hy jou waarskynlik ook in sportiewe drag verkies. Paartjies neig van nature om by mekaar aan te pas (sien bladsy 88); wanneer jy in 'n vaste verhouding is, mag jy klere begin kies waarvan jou maat hou, sonder om noodwendig jou eie styl prys te gee. Maar onthou, hoe verder julle verhouding ontwikkel, hoe meer sal jou maat konsentreer op die dele van jou liggaam wat vir hom inligting sal gee oor jou persoonlikheid, gedagtes en gevoelens, eerder as om te kyk wat jy dra.

LOKTEKENS Voorkoms maak wel 'n indruk, maar dis nie naastenby so belangrik soos die meer beweeglike aspekte van lyftaal nie. 'n Man wat jou ontmoet, sal binne sekondes minder bewus wees van hoe jy lyk as van jou gesigsuitdrukking, jou oogbewegings, jou handgebare. Net so sal jy, wanneer jy 'n man ontmoet, binne sekondes minder bewus wees van sy beeld as van die manier waarop hy staan, beweeg of glimlag.

Watter soort lyftaal is dus vir mense aanloklik? Lyftaal wat spreek van selfversekerdheid werk altyd. Iemand wat gemaklik beweeg, glimlag en 'n regop maar ontspanne houding het, is selfs op 'n afstand aantreklik. Mense wat so iemand sien, sal voel die positiewe houding is op hulle gemik en sal daarom met die persoon wil kontak maak. Om werklik belang te stel in wat om jou gebeur, is nog 'n gewaarborgde manier om vir ander aanloklik te wees. Min mense, mans of vrouens, kan die nie-verbale boodskap van groot oë, 'n vorentoe leun en 'n goedkeurende knik weerstaan, al is dit nie direk op hulle gemik nie.

Tekens van 'oopheid' werp ook goeie vrugte af. Dit is altyd moeilik om sosiale kontak te maak, maar om kontak te maak wat tot seksuele betrokkenheid kan lei, is selfs nog 'n groter uitdaging. Doen dus wat jy kan om dit vir ander maklik te maak om jou te nader en met jou te begin gesels. Die riglyne vir albei geslagte is dieselfde: laat jou lyftaal vir mense wys jy is vriendelik. Hou jou skouers gemaklik, jou gebare oop, jou uitdrukking warm. Moenie in 'n hoek wegkruip agter beskermende 'mure' soos 'n handsak of 'n stoel nie, stel jouself beskikbaar en wees maklik bereikbaar. Kyk 'uit' oor die vertrek van waar jy sit en kyk gereeld op asof jy wil oogkontak maak. Kortom gestel, laat enigiemand in jou omgewing voel jy is toeganklik en dat jy hulle geselskap verwelkom.

Kontak maak

Wanneer dit kom by kontak maak met 'n potensiële maat, mag die hele proses miskien vir jou heeltemal spontaan voel. Sielkundiges het egter vasgestel dat daar 'n definitiewe hofmaaksekwensie van een of ander aard plaasvind in die meeste situasies waar twee mense wat mekaar ontmoet die moontlikheid van 'n verhouding wil ondersoek.

Die eerste stap, selfs in 'n vertrek vol mense, is om jouself te 'vertoon'. Die meeste mans en vrouens doen dit instinktief in die openbaar, selfs wanneer hulle nie noodwendig op soek is na 'n maat nie. Maar iemand wat wel 'n maat soek, sal homself definitief 'vertoon'. Sodra jy bewus word van 'n man se aandag, begin jy as vrou onbewustelik om jou vroulikheid onder sy aandag te bring: jy sit regop om jou borste te beklemtoon of kruis jou bene sodat jou enkels en bobene op hulle beste vertoon. Jy sal heel moontlik ook deur lyftaal die

liefde*stekens*

Mans se lyftaal verskil van vrouens s'n. Hulle houding is meer regop, hulle maak direkte oogkontak en hulle uitdrukkings is ernstig. Vroue glimlag meer, draai hulle koppe skuins om te wys hulle stel belang en vertoon hulle bene en liggaam om hulle lengte en slankheid te beklemtoon. (Hulle sit gewoonlik skeefgedraai, wat egter 'n indruk van onsekerheid kan skep.)

Die geslagstekens word omgedraai en dinge lyk half vreemd en verkeerd. Heleen se manlike houding laat haar na 'n ernstige en selfs streng vrou lyk. Rudi se glimlag lyk oorgretig en sy vroulike lyftaal en beenposisie maak 'n effens verwyfde indruk. Heleen en Rudi voel albei ongemaklik wanneer hulle die teenoorgestelde geslag se lyftaal probeer praat.

aandag vestig op dit wat jy as jou beste fisiese bates beskou: jy gooi jou lang hare terug of draai jou kop om jou aantreklikste kant te vertoon. Jy begin jou verder onbewustelik 'optof' deur byvoorbeeld jou lippe te lek, jou rok of bloes reg te trek en jou juweliersware te vertoon.

Wees egter gewaarsku. As jy al hierdie dinge doen sonder om daaroor te dink, sal dit natuurlik en aanloklik lyk. Maar as jy dit doelbewus doen, kom mense dit agter. Aan die begin van moontlike kontak kan bewustelike 'vertoon'-taktieke net 'n bietjie te ooglopend lyk, veral as jy al iets gedrink het en dus outomaties vryer en minder geïnhibeerd is. As jy dus agterkom jy is besig om jouself bewustelik te 'vertoon' in 'n algemene sosiale situasie sal dit jou baat om jou tekens te 'versag'.

Aan die oorkant van die vertrek speel 'n soortgelyke manlike rite af. Een of meer mans staan skielik regopper, maak hulle skouers vierkantig, trek hulle mae in, voel of hulle dasse nog reg sit – die manlike geslag se manier van 'vertoon' en 'optof'. Wanneer hierdie proses eers aan die gang is, sit die natuur boonop ook nog hand by: julle albei ondergaan outomatiese en onbeheerbare liggaamlike veranderinge om julle aantrekliker te maak – julle kry meer spierdefinisie, julle lippe raak effens voller en die sakke onder julle oë word minder opmerklik.

UITWYS As een van die geslagte dan bewus word van 'n persoon wat hy of sy wil lok, word daar oorgegaan tot die tweede fase van die hofmaaksekwensie: 'merkers' word in die persoon se rigting gestuur om belangstelling te toon. Jy sal onbewustelik seker maak dat jou blik en gebare in die ander persoon se rigting gemik word.

liefdes*tekens*

Verskillende 'vertoon'-tekens met teenstrydige boodskappe. Ten spyte van die verskeidenheid posisies en uitdrukkings, wil net twee mense nie kontak maak nie: Stefan, tweede van links, en Nina, tweede van regs, maak nie oogkontak nie en wys so hulle stel nie belang nie.

Wanneer jou belangstelling nie beantwoord word nie, verflou jou entoesiasme, want die lyftaalsekwensies verdwyn vanself wanneer dit nie beantwoord word nie. As dit egter beantwoord word, sal jy miskien meer openlik wees as wat jy dink. In dié stadium van die hofmaaksekwensie, wanneer jy iemand se oog gevang het, sal albei kante bang wees om 'n voet verkeerd te sit. Daar is dus 'n natuurlike neiging om dit wat jy doen te oordryf, sodat jou nie-verbale aanmoediging duidelik kan wees.

Jy kyk dus nou oor die vertrek heen tot hy dit agterkom, behou vir 'n oomblik oogkontak, kyk weg en loer dan weer om te sien of hy nog kyk. Om vir hom te sein dat jy belangstel, kan jy jou gebare direk na hom toe 'wys': kruis jou bene sodat 'n knie of voet in sy rigting gedraai is, maak 'n gebaar met jou hand, vinger of vurk wat hom 'uitwys'. Hy sal intussen waarskynlik dieselfde van sy kant af doen. Jy sal vir seker weet hy stel belang, maar as jy nie jou lyftaal ken nie, sal jy dalk nie weet hoekom jy so seker is daarvan nie. As jy hom bogenoemde dinge sien doen, sal jy weet jou aanvoeling was reg.

Hoe maklik dit is om oor te gaan tot die volgende stap – verbale kontak – sal grootliks afhang van die situasie: hoe vol mense die plek is, hoe naby julle aan mekaar is en hoe aanvaarbaar dit is om rond te beweeg en mekaar te nader. As julle

liefdes*tekens*

Wie stel in wie belang? Nina, tweede van links, weer nog steeds belangstelling af met haar uitdrukking en 'bly weg'-armposisie. Alida, heel regs, lyk beleefd, maar sy stel minder in Ryno belang as hy in haar. Oliver en Isabel se glimlagge en oogkontak wys hulle kom goed klaar.

aan teenoorgestelde kante van 'n restourant sit, sal julle moet hard werk om die kloof tussen julle te oorbrug, maar in 'n klub wag jy net tot die ander persoon gaan dans en dan gaan dans jy ook.

DEURKYK Sodra julle begin gesels, sal julle mekaar op 'n heeltemal nuwe vlak beoordeel. Woorde is belangrik, maar hulle sal nie vir julle baie sê in die kort tydjie wat julle het nie. Julle beoordeel mekaar aan julle lyftaal.

Aanvanklik sal julle altwee eers wil seker maak dat dit wat julle op 'n afstand gesien het, net so goed is van naby. Julle sal meestal konsentreer op oë, monde en hande, en mekaar op dié manier sorgvuldig deurkyk. (Terloops, 'n gemiddeld van twee afsonderlike oogbewegings per sekonde is beslis nie 'n slegte radarstelsel nie!)

Julle sal ook mekaar se liggaamsritmes deurkyk (sien bladsy 24). Met vriende sluit die ritmes so nou as moontlik by mekaar aan, maar met potensiële liefdesmaats mag dit juis die verskil in ritmes wees wat die groot aantrekkingskrag is. Hy voel waarskynlik aangetrokke tot jou omdat jou gemaklike houding hom ontspanne laat voel; jy hou dalk van hom omdat sy vinnige ritme jou energiek en opgewonde maak. Hoewel daar een of ander onderliggende skakel moet wees, kan julle liggaamsritmes maklik aanvullend, eerder as identies, wees.

liefdes*tekens*

Julle reuksin sal ook 'n rol speel. Hoe nader julle aan mekaar kom, hoe meer sal julle bewus raak van mekaar se persoonlike liggaamsreuk, van elkeen se reuk-'handtekening'. As joune en syne nie sin het in mekaar nie, sal julle liggaamsritmes onbewustelik al minder by mekaar aanpas, julle sal moeiliker vir mekaar kan kyk en oogkontak behou. As julle reuke egter 'pas', sal die feromone (chemiese stowwe wat vir aantrekkingskrag sorg) wat hulle bevat jou senuweestelsel beïnvloed en jou prikkel en opgewonde maak.

Laastens sal julle gedurig bewus bly van mekaar se reaksies. Hou julle albei van mekaar, is albei beskikbaar? Wees versigtig. Navorsing wys dat alle mans onbewustelik nie-verbale 'vertoon'-tekens gebruik teenoor 'n vrou wat vir hulle aantreklik is, al is hulle betrokke by iemand, en selfs al is daardie persoon in dieselfde vertrek!

FLIRT As die inligting wat julle gekry het deur so naby aan mekaar te wees julle nog gretiger maak om mekaar beter te leer ken, vorder julle na die volgende stap: julle flirt. Dié deel van die hofmaak-sekwensie, wat maande kan aanhou, of selfs – vir sommige gelukkige pare – jare, bring julle nie-verbaal nader aan mekaar, verseker julle albei dat julle verhouding belangrik is en sorg dat niemand tussenbeide kom nie.

Alles wat julle doen, beklemtoon die feit dat julle aangetrokke voel tot mekaar. Julle beweeg nader aan mekaar, kyk mekaar in die oë en glimlag. Julle kry verskonings om aan mekaar te raak, beklemtoon julle woorde deur 'n hand op die arm, en julle vingers raak 'toevallig' liggies aan mekaar as julle iets aangee. Julle stemme word outomaties laer, sagter en hees soos wanneer mense liefde maak. Julle fisiese funksies reageer op mekaar se

Selfs net 'n effense verandering in lyftaal wys 'n nuwe belangstelling. Nina het Stefan jammer gekry en na hom toe gedraai; haar oogkontak oor die glas is 'n tipiese flirtgebaar. Alida het haar 'bly weg'-arm laat sak en nader aan Ryno beweeg. In die middel is Oliver en Isabel nou nog nader aan mekaar.

liefdestekens

nabyheid: jy voel nie net geprikkel nie; jy is ook lighoofdig, jou hart klop vinniger en die adrenalien pomp deur jou liggaam.

Die tweede stap is amper soos om die aftog te blaas – 'n terugtrek van interaksie – en dit is gewoonlik die vrou wat dit doen. Jy onttrek vir 'n oomblik al jou aandag: jy draai weg om 'n glas op te tel, reageer op iets in die vertrek, vermy oogkontak, maskeer jou gesig of oë agter jou hand. Hy mag hom dalk in reaksie daarop ook onttrek, en vir 'n oomblik is die noue kontak wat daar tussen julle was daarmee heen. Julle liggame mag reageer met 'n vlaag van paniek sodat julle weer na mekaar toe moet uitreik. Dit alles help om julle altwee nie-verbaal te oortuig dat julle verhouding iets is wat julle nie wil verloor nie.

En, net om seker te maak dat julle verhouding nie bedreig word nie, sal een of albei van julle 'versperringstekens' uitstuur om indringers weg te hou. Wanneer julle die eerste keer ontmoet, is dit gewoonlik net die man wat dit op 'n duidelike, fisiese manier doen: hy staan jou so 'toe' dat niemand by julle kan aansluit nie. Na 'n paar ontmoetings sal jy as vrou egter ook 'versperrings' begin oprig, hoewel meer subtiel: jy hou sy aandag op jou gevestig deur middel van oogkontak, 'n laggie, 'n ligte aanraking of soen die oomblik wat sy oë begin afdwaal.

Die meeste van hierdie nie-verbale flirttegnieke is so natuurlik en spontaan dat enige doelbewuste poging om daarop te verbeter, alles sal bederf. Wat jy kan doen, is om bewus te wees daarvan en dit ten volle te geniet – dit is instinktiewe maniere om 'n maat aan te lok, nie onbevryde manipulasie nie. Sy uiterlike tekens sal wys of hy geniet wat aangaan, en jou eie innerlike tekens sal vir jou sê of jy tevrede is met hoe sake vorder. Trap 'n bietjie rem as hy te vinnig na jou sin gaan, en moedig hom aan met 'n glimlag as jy hou van iets wat hy doen of sê.

Met hierdie nie-verbale strategieë kan julle mekaar lank genoeg besig hou om intussen al die moontlikhede te oorweeg. As jy nie oortuig is nie, groet jy vriendelik en beweeg weg. As jy agterkom hy twyfel oor jou – hy staan dalk skielik ongemaklik rond, sy oë begin ronddwaal en sy gebare wys hy het iemand anders in die vertrek raakgesien – doen jy op 'n elegante manier afstand van hom en vestig jou aandag op iemand anders.

VERLEI Wanneer julle albei besluit julle wil julle verhouding op 'n intieme vlak voortsit, moet julle afspreek oor 'n tyd en plek. Maak seker julle kies omstandighede wat sowel nie-verbaal as verbaal gunstig is vir romanse.

Wat tyd betref, is die aand moontlik nog steeds die beste tyd om intimiteit met 'n nuwe persoon te begin. Mense is meer ontvanklik vir intieme interaksie wanneer hulle ontspanne is na die dag se werk. Navorsing het ook getoon dat toenemende donkerte ons aanmoedig om meer te kyk en te vat as om te gesels. In een eksperiment met 'n groep is daar na 'n halfuur nie meer 'n enkele woord gepraat nie! So, cliché of te nie, die klassieke romantiese voorstelling van 'n sag beligte restourant is waarskynlik die beste manier om julle liggame in die regte luim te kry.

Kies 'n plek waar julle op 'n natuurlike wyse naby aan mekaar kan sit. Die menslike liggaam is in werklikheid geprogrammeer om die sprong van fisiese nabyheid tot seksuele intimiteit te maak. Wanneer julle eers binne die 'intieme' afstandgebied van 46 sentimeter is, is die waarskynlikheid groter dat daar seksuele kontak sal wees. Aangesien hierdie kontak dikwels voorafgegaan word deur 'n 'spontane' of 'ekskuus'-aanraking, is dit dus raadsaam om 'n klein restouranttafel te kies waar die kanse groter is dat julle per ongeluk aan mekaar se hande sal vat.

Kies 'n plek waar daar aangename musiek gespeel word sodat julle ritmes maklik en natuurlik by mekaar kan aansluit. Bly egter weg van plekke waar die gehoor deelneem aan die musiek – sorg dat julle ongesteurd aan mekaar kan aandag gee. Probeer ook om te reël dat julle 'n tafel kry wat 'versper' is van die res van die restourant – soos agter 'n pilaar of muurtjie – en moenie een kies wat naby die kombuis of die ontvangstoonbank en kasregister is nie.

liefdes*tekens*

'**Bly weg**' is die duidelike teken hier. Die tafel op die vloer en kussings op die sofa 'versper' sy pad na haar toe. Die telefoon is opsigtelik byderhand; sy is beskikbaar vir onderbrekings. Die ligte brand helder. Ten spyte van 'n glimlag gee die tekens, asook haar 'terugdeins'-posisie, bene wat gespanne gekruis is, gevoude arms en neergeslane oë vir hom 'n 'nee'-boodskap.

Wanneer die 'openbare' deel van die aand verby is, is dit die beste (en natuurlik die veiligste) om na jou plek toe te gaan – tensy hy ongemaklik voel as hy op vreemde gebied is. Sorg dat jou plek toeganklik en gerusstellend is. Maak seker daar is 'n plek waar julle gemaklik saam kan sit, met die moontlikheid om nader aan mekaar te beweeg, maar wees versigtig as 'n groot dubbelbed jou hele eenmanswoonstel volstaan: dit dui dalk te blatant op seks en julle liggame mag versperrings oprig deur gespanne en agterdogtig te raak.

Hier is haar nie-verbale boodskap baie anders. Sy het alle fisiese versperrings en dinge wat die aandag kan aflei, weggeneem en die ligte gedoof. Sy't direk na hom gedraai, haar knie en voet 'wys' na hom toe en sy kyk hom in die oë op 'n manier wat sê sy wil nader beweeg.

liefdes*tekens*

Deurentyd kan julle weg beweeg van wat julle sien en hoor na die meer sensuele kanale van aanraking, reuk en smaak. Verwyder dinge wat die aandag kan aflei, soos telefone en woonstelmaats. Maak gebruik van al die beproefde dinge wat hartstog aanwakker – sagte beligting en musiek, gemaklike kussings, goeie parfuum (nie 'n ligte blomgeur nie, eerder 'n swaarder muskusgeur). Weer eens, moenie dinge oordryf deur blatant 'n atmosfeer vir seks te wil skep met jou musiek en rangskikking van meubels nie. As een van julle onveilig voel, sal sake nie vlot nie.

WIE NEEM DIE LEIDING? Julle sal gou gereed wees om intiem te verkeer. Julle het heel moontlik al vantevore aan mekaar geraak – dis selde dat mense intiem raak as hulle nog nie aan mekaar gevat het nie. Julle het mekaar al opgesom deur 'ekskuus'-aanrakings en die resultaat was bemoedigend: julle reuk, gevoel en smaak was aangenaam vir mekaar, julle het albei nader beweeg, nie weg nie, jou vel het warm gevoel onder sy aanraking, nie koud nie. As alles goed gaan, sal jou eie instinktiewe lyftaalstrategie nou oorneem.

Maar wat as julle nie albei spontaan in mekaar se arms spring nie? Voel julle eenvoudig nie aangetrokke tot mekaar nie? As enigeen van julle twee steeds die tekens van vriendskap (bladsye 40 en 41) gee, moet jy wegskuif en stadiger oor die klippe. As hy tekens wys van onwilligheid – hy trek terug, kyk weg, probeer praat eerder as kyk – moet jy jou dadelik onttrek. As jy onwillig voel, moet jy die ligte helder aansit en duidelik en onomwonde verduidelik dat jy dinge nie verder wil voer nie.

Hulle het die afstand oorbrug en sy skep die geleentheid vir 'ekskuus'-aanraking deur die manier waarop sy die wyn skink.

liefdes*tekens*

Miskien beantwoord jou maat al jou 'vertoon'- en flirttekens, maar gaan nogtans nie oor tot aksie nie. Hy is dalk, soos baie mans, versigtig om verder te gaan, ingeval dit nie is wat jy wil hê nie, of hy het nie jou nie-verbale belangstelling geregistreer nie. Jy kan die inisiatief op verskillende maniere neem – maar wees gewaarsku. Hierdie tegnieke is nie om hom te manipuleer nie; dis slegs om hom aan te moedig. Dit word net gebruik om die natuurlike proses van fisiese intimiteit te versnel. As een van julle glad nie belangstel nie, sal nie een van die tegnieke werk nie.

Beweeg nader; soos reeds gesê, om binne die 46 cm-intimiteitsgebied te wees, is 'n duidelike teken van jou aan hom (of omgekeerd) dat jy intieme kontak wil maak. Sorg vir meer toevallige aanrakings wat gewoonlik lei tot seks: kyk saam na iets sodat hy naby aan jou moet sit. Wanneer julle hande wel aan mekaar raak, maak seker hy weet dis nie per ongeluk nie en dat dit meer as vriendskaplikheid in jou wakker maak.

Jy sal teen dié tyd al weet hoe julle by mekaar aanpas of mekaar 'spieël' in houding en gebare. Beweeg nader terwyl jy aanpas by sy houding. As hy tot jou aangetrokke voel, sal hy instinktief daarop reageer. Wanneer jy 'n gebaar van hom 'spieël', laat rus jou hand op syne om hom uit te nooi om nog aan jou te raak. Leun vorentoe wanneer jy in sy oë kyk, lig jou kop tot by syne wanneer jy tot teenaan hom skuif. Fluister iets liefdevols; hy sal outomaties nader leun om te hoor en wanneer jou lippe aan sy wang raak, sal dit heeltemal natuurlik wees om dinge nog 'n stappie verder te voer.

SEKSKODES Mense dink wanneer hulle eers gesoen het, kan hulle vergeet van lyftaal. Maar 'n kennis en begrip van lyftaal is van uiterste belang gedurende liefdemaak – woorde kom nou nie meer so maklik nie. Al sê die sekshandleidings wat, daar is geen reëls nie. Elke mens is anders. Wat vir jou werk, kan iemand anders koud laat, en wat een keer vir iemand gewerk het, kan die volgende keer 'n seksuele ramp veroorsaak.

Lyftaal is so belangrik omdat dit 'n reeks nie-verbale kodes verskaf waarmee jy spontaan sê hoe 'gereed' jy is. Suksesvolle pare ontwikkel hierdie kodes instinktief, maar baie seksmaats raak nie bewus daarvan nie, of reageer net nie daarop nie.

Hierdie kodes stam voort uit die natuurlike manier waarop jou liggaam gereed maak vir seks. Wanneer ons seksueel geprikkel word, verander ons liggame dramaties. Jou borste word ferm, jou tepels hard en die ring rondom swel effens. Jou baarmoeder word groter en beweeg hoër op, jou klitoris word vol en hard, meer bloed vloei na jou vagina toe en jy is gereed om jou maat se penis te ontvang. Meer bloed vloei intussen ook na sy penis toe, vandaar sy ereksie; sy testikels swel op en sy liggaam maak gereed om sy saad te stort.

Julle ervaar albei hierdie belangrike fisiologiese veranderings as hartstog, en dit manifesteer nie net in julle geslagsdele nie, maar regdeur die res van julle liggame. Meer bloed vloei na jou lippe en vel en hulle senupunte word baie sensitiewer, jou oë word wasig en verloor fokus, en jou sensitiwiteit vir klank verminder sodat jy kan konsentreer op wat binnekant gebeur en vergeet van die buitewêreld. Jou spiertonus verander, jou vel ril effens, raak sag, warm en vogtig. Jou gesigsuitdrukking mag ook verander: dit kan verwronge word of jy kan alle uitdrukking verloor soos wat die sensasies jou liggaam oorweldig. Jou stem raak sagter, en gewoonlik ook dieper en heser. Jou asemhaling versnel namate jou hart vinniger klop en die adrenalien deur jou liggaam pomp. Jou reuk- en smaaksin verander ook – die vetkliertjies op die rand van jou mond en lippe skei chemiese stowwe af wat jou verder seksueel prikkel, en jou geslagsdele kry 'n ander reuk soos wat jou liggaam hom gereed maak vir orgasme.

Al hierdie tekens, bewustelik en onbewustelik, vorm 'n sekskode, 'n konstante stroom inligting wat julle ontvang en gee en wat julle daartoe in staat stel om vir mekaar te sê wat goed voel en wat nie, wat werk en wat nie. Julle is dalk nie eens bewus van hierdie 'gee en neem' van inligting nie, maar dit bepaal die pas – en genot – van julle liefdespel.

liefdes*tekens*

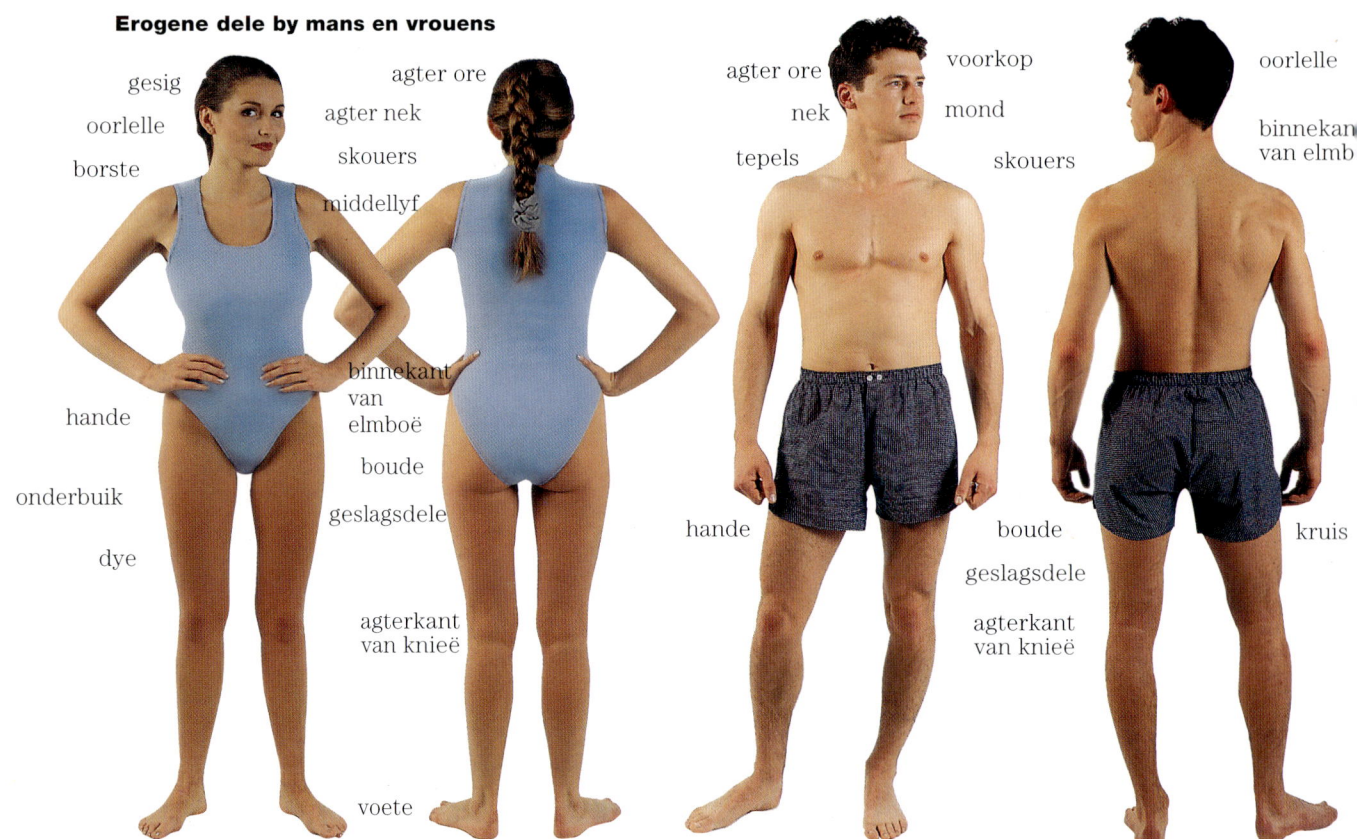

Erogene dele by mans en vrouens

Jy kan natuurlik niks verander aan die onbewuste kodes wat julle gebruik nie. Dinge soos hartklop, bloeddruk, reuk en smaak is buite jou beheer. Jy kan julle sekslewe wel genotvoller maak deur op jou meer bewustelike kodes te let en seker te maak julle albei verstaan wat hulle beteken. Leer ken jou bewegingskodes (as jy jou heupe hartstogtelik op en af beweeg, beteken dit 'nog' en as jy skielik stil lê, beteken dit 'genoeg'), jou klankkodes ('n fluistering of skielike skerp inaseming kan beteken iets gee jou plesier al dan nie), en jou aanrakingskodes ('n hand wat jou maat se hand êrens heen lei, beweging en spoed). Wees bewus van jou eie kodes, en maak dit duidelik en spesifiek; leer ken ook jou maat se kodes, weet wat hulle beteken en hoe om daarop te reageer. Julle kan vertroud raak met mekaar se subtielste sekskodes sodat selfs die geringste beweginkie genoeg is om jou seksmaat te laat reageer op 'n manier wat jou die meeste bevrediging gee.

Daar is twee dinge wat dit vir julle moeilik kan maak om die kodes te gebruik om seksueel by mekaar aan te pas. Eerstens registreer een van julle dalk nie die ander se tekens nie. Dit kom veral voor onder sommige mans, wat so op hulle eie stimulasie konsentreer dat hulle skaars bewus is van hulle seksmaat se nie-verbale versoeke. As dit gebeur, vergroot net jou tekens tot hy reageer en as dit nie anders kan nie, voeg 'n verbale beaming van 'Ja . . . nog' by sodat hy die boodskap kry en in die toekoms daarvan sal onthou. Moenie jou bekommer oor watter tekens om te gee as jy nie van iets hou wat jou maat doen nie – die heel beste manier om dit te hanteer, is om geen positiewe klanke of bewegings te maak nie.

Tweedens mag dit vir een van julle moeilik wees om duidelike nie-verbale tekens van seksuele prikkeling te gee. Dit kan hy of jy wees, want ten spyte van mans se klagte dat vrouens 'nie wys hulle geniet dit nie' laat mans net so dikwels na om

liefdes*tekens*

BO LINKS: Hulle begin intiem raak, maar is miskien nog onseker. Sy gespanne rug en sy bene wat amper wegdraai van haar af, wys hy is versigtig, terwyl hulle albei se oop oë wys hulle kan hulle nog nie heeltemal verloor in hulle hartstog nie.
BO REGS: Hulle soen mekaar op die mond – die begin van werklike intimiteit en vertroue. Dit kom oorspronklik van die ma-aap wat haar babas met die mond voer wanneer sy hulle speen. Die volgende stap, die 'Franse kus' met die tong, is selfs nog meer seksueel – in werklikheid 'n soort 'penetrasie in die kleine'.
REGS EN ONDER: Hulle baklei speels. Dit laat raak hulle aan mekaar, en verhoog hulle liggaamsadrenalien, wat hulle seksueel prikkel.

nuttige nie-verbale wenke te gee gedurende liefdemaak; jare van in beheer wees laat dit onbelangrik lyk om te sê wat voel goed, want hulle kan dikwels self sorg dat hulle bevredig word. As jou seksmaat so optree, moet jy dalk die inisiatief neem en uitvind waarvan hy hou. Dis 'n sekshandleiding-cliché om jou te herinner om sy hele liggaam met jou mond en hande te liefkoos, maar in terme van lyftaal het die tegniek verskeie voordele: dit prikkel sy senuwees sodat sy vel swel en daar 'n groter area is om te liefkoos, dit maak al jou sintuie wakker en laat jou toe om uit te vind waarvan hy hou.

Die moeilikste aspek van lyftaal tydens seksuele omgang is waarskynlik die feit dat jy met 'n nuwe maat nie-verbaal moet kommunikeer vanaf die eerste keer dat julle aan mekaar raak. Laat hom

liefdes*tekens*

Hulle begin mekaar uittrek – hulle weet albei waartoe dit gaan lei. Hulle reageer instinktief hierop: hulle beweeg nader aan mekaar, wat die uittrekkery makliker maak en wys albei is gewillig. As een sou terugdeins, sou dit beteken dis vir hom of haar 'n te vinnige stap vorentoe.

van die eerste soen af jou geluide hoor en jou bewegings voel. Wees van die begin af bewus van wat sy gefluister en aanrakings beteken. Dit mag dalk onromanties klink – maar as jy dit los tot die tweede keer sal dit amper te laat wees, want jy en jou maat is op julle ontvanklikste aan die begin van die verhouding. As julle nou reeds duidelik wys waarvan julle hou, skep julle van die begin af 'n agenda waarop julle stelselmatig kan voortbou. As julle tekens egter onduidelik is, sal dit al hoe moeiliker raak om mekaar 'reg te leer' namate die verhouding ontwikkel.

Mettertyd, namate julle liefdemaak ontwikkel, sal julle al mekaar se kodes leer ken – dit sal julle help om mekaar 'n orgasme te gee, om mekaar op die rand van orgasme te hou, om vir mekaar 'n langer orgasme te gee. Die goeie nuus is, hoe meer jy iemand se tekens waarneem, interpreteer en daarop reageer, en hoe meer hy op joune reageer, hoe meer bedrewe sal julle word en hoe meer sal julle julle sekslewe geniet.

Emosionele lyftaal

Die mens se liggaam is geprogrammeer om emosies te ervaar, om uiterlike en innerlike tekens te gee wanneer iets wonderliks of verskrikliks gebeur. 'n Liefdesverhouding lei gewoonlik tot albei hierdie uiterste gevoelens.

Dis redelik maklik om agter te kom wanneer jy of jou maat oorweldig word deur emosie, veral die 'klassieke ses' emosies wat dieselfde lyftaal regoor die wêreld het, van Japan tot in Argentinië: geluk, hartseer, woede, afgryse, verrassing, vrees. Julle glimlagge sal vir mekaar wys julle is gelukkig, julle trane wys hartseer, julle geligte stemme en sterk gebare sal woede wys. (Julle mag dalk nooit werklike vrees in mekaar sien nie, behalwe as julle saam in 'n traumatiese situasie beland.)

'n Ervare lyftaalkenner sien nie net ooglopende tekens van emosie raak nie, maar raak ook bewus van die baie meer subtiele gevoelens wat mense daagliks ervaar. Bevrediging, spyt, irritasie, afkeer, verwarring en angs is kleiner variasies van die basiese 'groot' emosies. As jy vroeg reeds tekens hiervan in jouself of jou maat kan raaksien, sal jy in staat wees om betyds iets daaraan te doen.

Die eerste teken van 'n emosie wat by jou opkom, is gewoonlik een of ander innerlike opstuwing van energie. Dit is so omdat emosies se oorspronklike doel was om jou te help om 'n bedreiging van buite te kan hanteer en om vir die ander in jou 'stam' te wys dat jy hulp nodig het met dit wat jou bedreig. 'n Emosie is 'n fisiese gebeurtenis, net soos honger en dors, wat jou totale outonome senuweestelsel laat oorgaan tot aksie. Dinge verander skielik in jou liggaam: adrenalien word in jou bloedstroom in gepomp, jou hartklop versnel, jou bloeddruk skiet die hoogte in, jy haal vinniger asem, jou senuweestelsel kry ekstra suiker om jou energie te gee, spysvertering vind stadiger plaas sodat daar nie onnodige energie vermors word nie, en die stolvermoë van jou bloed verhoog vir ingeval daar bloedverlies gaan wees.

Gepaardgaande hiermee het elke spesifieke emosie sy eie spesifieke uitwerking op die liggaam. Angstigheid gee jou 'n hol kol op die maag, of laat

liefdes*tekens*

Vier basiese emosies word weerspieël deur totaal verskillende tekens.

VREES As jy bang is, is jou oë groot – die oorspronklike, primitiewe funksie was om jou te help om die bedreiging beter te sien. Jou wenkbroue lig en beweeg na mekaar, jou mond gaan oop asof jy gaan skree. Vroue is geneig om weg of na die kant toe te draai, terwyl mans sal retireer, maar die gevaar in die gesig staar.

 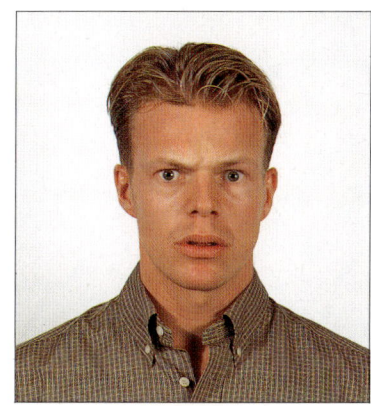

HARTSEER Voor jy begin huil, sak jou ooglede en word hulle rooi van die trane wat opwel. Jy laat sak jou kop en jou hele liggaam 'trek in' om homself te beskerm terwyl jy treur. Jou onderlip bewe en jy wil in trane uitbars.

WOEDE Jou wenkbroue beweeg na mekaar, jou neusvleuels rek en jy probeer die opposisie in die grond in kyk. 'n Man kan sy lippe uitstoot asof hy dreigend gaan gil, terwyl 'n vrou, wat meer gewoond daaraan is om haar woede terug te hou, haar lippe sal saampers om die gil te keer.

 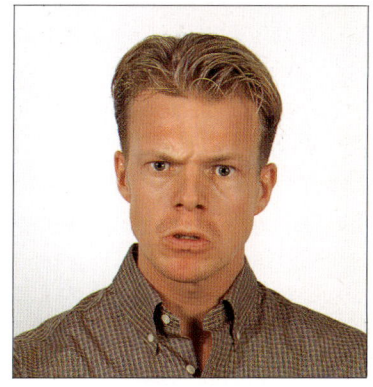

GELUK Dis die positiewe weergawe van woede – jy het nou iets om te vier. Jou oë is groter oop om beter te kan sien, jy lig jou kop en spits jou ore. 'n Opregte glimlag is gewoonlik breed. Dit wys jou tande en maak plooitjies om jou oë.

jou naar voel. Jy voel 'n 'beklemming' dwarsdeur jou liggaam, jou hart klop al hoe vinniger, jou mond raak droog, jy kry skielik koud, of moet dringend toilet toe gaan. As jy die emosie berou ervaar, kry jou oë 'n steekgevoel, 'n moontlike voorloper van trane, jou neus en keel voel effens verstop, en jy raak bewus van 'n algemene 'swaar' gevoel. Die eerste tekens van irritasie is gewoonlik 'n effense prikkeling in jou maag, bloed wat na jou kop en hande toe vloei, en 'n skielike kners op jou tande.

Word meer bewus van jou emosies soos wat jy hulle in die daaglikse lewe ervaar. Jy leer sodoende om beter te kommunikeer met jou eie liggaam en moedig hom letterlik aan om vir jou te 'sê' wanneer hy dink daar is iets waarvoor jy moet oppas of waaroor jy moet kwaad wees. As jy kan leer om gepas en verantwoordelik op jou emosies te reageer, sal dit jou help in jou liefdesverhoudings en in die alledaagse lewe.

SY GEVOELENS Dis baiekeer moeilik om 'n man se emosionele lyftaal te lees. Mans word in ons samelewing tradisioneel ontmoedig om in aanraking te kom met hulle emosies. Die een emosie waaraan mans egter die meeste uitdrukking gee, is woede, en hulle doen dit gewoonlik om die innerlike stres van al die bogenoemde fisiese gewaarwordinge te verlig. (Hulle werklike onderliggende emosie is dikwels hartseer of vrees.) 'n Angstige man sal tipiese frons- en kommerlyne op sy voorkop hê – by ape is dit 'n teken van 'n begeerte maar onvermoë om aan iets te ontsnap. Die man se skouers is opgetrek, asof dit hom moet beskerm, en hy kan neig om effens vorentoe te leun in plaas van om normaal te sit. Hy byt dikwels sy lippe of beweeg sy mond – amper asof hy die probleem in sy kop probeer 'uitpraat'.

Alhoewel die meeste mans dit moeilik vind om te huil, sal een wat hartseer is of berou voel oor iets se oë effens rooi en opgeswel wees, met 'n bietjie vogtigheid op die onderste ooglid. Sy mond bewe effens, sy liggaam is inmekaar getrek en hy mag swaar sug, sonder dat hy dit eens agterkom. 'n Geïrriteerde man, aan die ander kant, sal neig om sy wenkbroue te laat sak asof hy sy teenstander eers 'n vuil kyk gee voor hy gaan aanval. Sy neusvleuels rek, sy lippe is saamgepers, sy skouers trek krom, en sy liggaamsbewegings raak kort, skerp en ongekoördineer. Sy gelaatskleur sal moontlik ook verander, sy gesig word wit of rooi soos wat sy senuweestelsel hom om die beurt kwaad maak en dan weer probeer kalmeer.

Maar wat as hy teenstrydige emosies ervaar – hy is kwaad vir jou, maar bang vir jou reaksie, vies oor jy geloop het, maar verlig jy is weer terug? Dit is belangrik om tekens van sulke teenstrydige emosies raak te sien, want jy kan sake verkeerd hanteer deur net te reageer op die enkele emosie wat jy dink jy sien, eerder as op die ander een wat hy ook ervaar.

Pas op vir teenstrydige tekens. Hulle manifesteer gewoonlik in verskillende dele van die liggaam: een emosie wys in die een deel, 'n ander reaksie in 'n ander deel. Wetenskaplikes meen dit gebeur omdat verskillende dele van die brein verskillende dele van die liggaam beheer. Tipiese 'teenstrydige dele' is die boonste helfte van die liggaam teenoor die onderste (trane op die gesig, maar geïrriteerde

Sy herstel na ontstellende nuus. Eers laat sak sy haar kop en kyk af om oogkontak te verhoed. Haar liggaam is geboë en haar skouers gelig asof sy wat sy hoor, wil weghou van haar af. Die hand wat sy oor haar mond hou, is moontlik om sosiaal onaanvaarbare geluide van hartseer en ontsteltenis te keer.

liefdestekens

beenbeweging), die boonste deel van die gesig teenoor die onderste ('n glimlag om jou gerus te stel, maar vrees in die oë), die linkerkant van die liggaam teenoor die regterkant ('n skuinsgedraaide kop en skouers en hande wat rusteloos is), die hele liggaam teenoor 'n enkele gebaar ('n ontspanne houding en liefdevolle uitdrukking saam met 'n gebalde vuis). Iemand se lyftaal kan ook sy woorde weerspreek: vriendelike woorde, maar 'n kwaai mond; 'n liefdevolle sin, maar sonder aanraking.

Laat dit uitkom

Die baas skree op jou, die trein is laat, of veel erger, jy word afgedank of 'n familielid kom te sterwe. Of dit nou jy is wat sleg voel of jou maat, die hulpvaardigste en liefdevolste optrede moontlik is om te probeer om opgewek te wees en om hom aan te moedig om dieselfde te doen.

Uit 'n lyftaal-oogpunt is die teenoorgestelde egter dikwels waar, want wanneer jy jou gevoelens die hele tyd onderdruk, plaas jy jou liggaam onder 'n dubbele spanning. As ons vir 'n tyd lank hartseer, angstig of geïrriteerd voel – maar hierdie emosies 'in toom hou' – moet ons natuurlike, ingeboude beheermeganismes oortyd werk en gevolglik word ons liggame onderwerp aan 'n stresvolle emosionele 'wipplank'. Mediese navorsing wys dat hierdie soort emosionele onderdrukking tot allerlei langtermynprobleme soos hartkwale, kanker en depressie kan lei. Moenie net eenvoudig alles sluk nie – gee uiting aan die emosies wat jy voel en gee jou liggaam sodoende 'n blaaskans.

Wat is die beste manier om emosies te lug? Bespreek dit met jou maat, want verskillende mense het verskillende behoeftes – almal reageer nie op dieselfde soort ondersteuning nie. Maar as jy of jou maat angstig of hartseer is, is die beste troos amper altyd om mekaar 'n stywe druk te gee. Dit herinner jou liggaam nie-verbaal aan toe jy klein en beskermd was, en laat jou veilig en geliefd voel. Hou mekaar styf vas, sonder enige poging tot seksualiteit, ontspan en voel hoe julle asemhaling en hartklop by mekaar begin aanpas.

As een van julle kwaad is, help oefening gewoonlik, want dit gebruik die adrenalien op wat die liggaam afgeskei het. Gaan draf 'n ent, of moker 'n kussing as dit jou laat beter voel. Maak jou bewegings sterk en doelgerig en haal egalig asem

Namate sy haar emosies onder beheer kry, lig sy haar kop op, maar sy kan nog nie direkte oogkontak maak nie. Haar hand beweeg nou na haar keel toe – 'n 'smoor'-beweging wat wys sy hou die woorde terug.

Wanneer sy haar kop oplig om oogkontak te maak, sien ons die geswelde oë, wat 'n teken is van 'n behoefte om te huil, selfs in mense wat hulle trane terughou. Haar skouers begin sak na 'n minder beskermende posisie en haar hande is weg van haar gesig af – die een steun die ander in 'n tipiese gebaar van vertroosting.

terwyl jy beweeg. As jou huis klankdig is, kan jy gerus skree terwyl jy dit doen, anders is dit raadsaam om jou gille met 'n kussing te smoor. Dam die kussing saam by of gil saam as julle kan, maar doen dit alleen as die een kwaad is vir die ander. Sorg dat julle eers weer by mekaar uitkom wanneer albei beter voel. (En wat ook al die woede veroorsaak, kry hulp van buite as die emosie aanhoudend terugkom.)

Wanneer jy uiting gegee het aan al jou emosie en spontaan beter voel, kan jy die volgende nie-verbale sekwensie gebruik om terug te keer tot die normale lewe. Kom op jou voete en beweeg rond, lig jou kop en oë op plafon toe. Haal diep en stadig asem. Raak betrokke by een of ander veilige fisiese aktiwiteit wat konsentrasie vereis, soos om jou tone die een na die ander te wikkel – dit sal die senuweestelsel help om van sy oortollige energie te begin gebruik. Spits jou hierna toe op 'n eenvoudige breinaktiwiteit wat konsentrasie vereis, soos om byvoorbeeld die plafonplanke te tel, sodat jou aandag afgelei kan word van die orige emosionele tekens wat jy nog ervaar.

Hierdie sekwensie kan ook werk as jy normaal moet optree terwyl jy nie goed voel nie. Dit kan help as jy nie die geleentheid het om uiting te gee aan jou emosie nie en sal jou 'dra' totdat jy kans kry om aandag aan die probleem te gee. Maar onthou altyd: dinge soos diep emosionele trauma, ernstige konflik in 'n verhouding of langdurige depressie kan en moet slegs met die hulp van 'n professionele persoon hanteer word.

Probleme, probleme
Wanneer daar probleme in julle verhouding is, is woorde in baie gevalle deel van die oplossing. Julle praat dinge uit, bespreek dit met ander, of vra 'n berader se raad daaroor. Lyftaal help eerstens deur jou aandag te vestig op 'n probleem en tweedens deur te verseker dat jou woorde effektief oorgedra word. En by geleentheid is daar soms lyftaaloplossings vir jou probleme.

Wat kan jy doen as jy byvoorbeeld vermoed jou maat bedrieg jou? Sy lyftaal sal nie vir jou kan sê

presies wat die leuen of wat die waarheid is nie, maar dit kan jou nogtans help om vas te stel of daar wel 'n probleem is.

As hy vir jou jok, sal hy nie wil hê jy moet weet hoe hy werklik voel nie; sy aanvanklike taktiek mag instinktief wees om sy nie-verbale tekens te verminder. Wees dus eerstens op die uitkyk vir moontlike

liefdes*tekens*

'onttrekkingstekens' – hy is stiller as gewoonlik, sy gebare en gesigsuitdrukkings is meer bedees, en sy mond en kakebeen is gespanne.

Of hy mag vir jou 'n vals front voorhou. Kyk na sy glimlag. 'n Opregte een is 'gebalanseerd', van die een kant van die gesig na die ander kant toe, met plooie om die oë; 'n vals een is onsimmetries,

Wie's nou eintlik saam met wie hier?
Op die eerste foto, HIERBO, lyk dit of Alida en Ryno aan die linkerkant 'n verhouding het – hulle houdings verklap dit. Ryno se kop en knie wys na Alida toe, selfs al wys sy arms en hande na sy eintlike gesellin, Nina, op die bank. Ryno keer dat Nina agterkom wat gebeur deur die manier waarop sy liggaam van haar af weggedraai is.

79

liefdestekens

Wanneer Nina Ryno in die tweede foto, HIERBO, met 'n aanraking uitdaag, draai hy skerp en op die verdediging na haar toe. Het Nina rede tot kommer? Ryno se lyftaal gee weersprekende tekens – sy moet dalk 'n ogie oor hom hou.

sterker aan die linkerkant van die gesig (in mense wat regs is), met geen oogplooie nie en 'n verstarde uitdrukking wat geleidelik verflou. As hy homself probeer keer om vir jou iets te sê, mag hy dalk stotter, oor sy woorde struikel, die 'smoor'-gebaar gebruik met sy hand op sy keel, of deur sy vingers praat asof hy sy stem probeer stilmaak.

Om agter hierdie maskerende gedrag 'in te sien', kyk jy na sy liggaamsdele wat hy nie so goed soos sy gesig of hande kan beheer nie. Jy sal moontlik spanning in sy skouers of maag sien, of sy bene of voete maak 'ontsnapbewegings'. Hy sal homself dalk nie-verbaal probeer kalmeer deur aan sy gesig te vat, oor sy hare te vee, of sy hande te wring. Hy kan onegalig asemhaal, sy velkleur kan verander of hy kan begin sweet.

Wat moet jy doen? Jy kan jou maat nooit dwing om jou van iets te vertel as hy nie wil nie, maar 'n eenvoudige lyftaaltegniek kan dit vir julle albei duidelik maak dat daar iets weggesteek word. As jy hom daaroor wil konfronteer, wag tot julle alleen is en jy naby aan hom kan wees. Sorg dat hy jou in die gesig moet kyk, leun vorentoe, hou sy hande vas en stop sodoende die senuweeagtige bewegings wat sy innerlike spanning verlig. Kyk hom stip in sy oë – dit maak dit vir hom moeilik om die emosies wat hy voel, te beheer. Maak jou stem sag, eerder as kwaai – dit sal moontlik keer dat hy sy skuldige lyftaal agter verwytende, nie-verbale tekens wegsteek.

liefdes*tekens*

As hy kriewelrig is en jou nie in die oë kan kyk nie of as sy lyftaaltekens al hoe senuweeagtiger word, is daar 'n probleem, en dit sal vir julle albei duidelik wees, hoewel julle dit dan op julle eie manier moet hanteer. As hy kalm bly, diep sug en jou dan vas in die oë kyk, is hy miskien 'n uitstekende leuenaar – maar die kanse is net so goed dat hy niks het om weg te steek nie en dat jy verniet bekommerd was.

AGTERDOG Dis erg genoeg as jy dink jou maat jok vir jou, maar as jy vermoed hy het agter jou rug 'n ander verhouding, is dit nog moeiliker. Hoe kan jy seker maak of jy reg is, en gestel jy is, wat kan jy daaraan doen, indien enigiets?

As die moontlike 'ander vrou' nie deel is van julle vriendekring nie, kry 'n intelligente maat dit dikwels reg om sy geheim weg te steek. Die klassieke nie-verbale tekens van sy motor wat na 'n vreemde parfuum ruik, of blonde hare op sy pak, is so algemeen dat hy en sy minnares dit sal vermy.

Wat jou egter agterdogtig behoort te maak, is wanneer sy nie-verbale houding teenoor jou verander. Interessant genoeg is dit iets wat altyd gebeur, ongeag af die veranderinge wat plaasgevind het positief of negatief is. As hy jou skielik minder sien, beteken dit hy bring meer tyd by haar deur; as hy skielik meer wil liefde maak, kan dit beteken sy het sy libido gestimuleer en hy het nou oor die algemeen 'n groter behoefte aan seksuele omgang. Wees dus bedag op 'n onverklaarbare afname in verstandhoudingstekens soos oogkontak as julle 'n langtermyn-verhouding het. Maar let ook op na nuwe nie-verbale sekwensies soos as hy aan jou arm vat in plaas van om jou hand vas te hou, of as hy op 'n nuwe manier na jou toe oorskuif op die rusbank. Jou maat sal dit dalk regkry om stil te bly oor 'die ander vrou', maar hy gaan sukkel om nie van die nuwe verstandhoudingsekwensies wat hy by haar leer, teenoor jou te laat deurskemer nie.

As jy vermoed 'sy' is een van julle vriendinne, het jy 'n beter kans om die waarheid uit te vind – jy kan hulle dophou wanneer hulle saam is. As hulle verhouding nog net aan die 'opbou' is, kan jy al die normale 'vertoon'-tekens by hom bespeur – ingetrekte maag, elegante optrede, kleiner sakkies onder die oë. Indien sy positief reageer en hom aanmoedig met haar lyftaal (sien vanaf bladsy 62), het jy beslis rede tot kommer.

As jy vermoed die verhouding is reeds aan die gang, wees ook op die uitkyk vir 'n skielike gebrek aan tekens van rapport tussen hulle. Wees net so agterdogtig daaroor as oor 'n toename daarvan. As hy ophou om vir haar te kyk of te glimlag, 'n toonlose stem aanslaan wanneer hy met haar praat en 'n groter afstand tussen hulle skep as voorheen, beteken dit hy probeer iets wegsteek. Gaan verder in op so 'n ongewone gedragsverandering deur na sy onbewustelike tekens te kyk: as sy houding nog aanpas by joune en sy onbewuste hand-, knie- en skouer-'rigtingwysers' (sien bladsy 64) wys nog na jou toe, dan is daar waarskynlik nie 'n probleem nie. As jou maat se nie-verbale tekens egter almal na 'n ander vrou toe wys, het dit dalk tyd geword dat jy ophou waarneem en iets doen – konfronteer hom, praat oor julle probleme of skep 'n situasie waarin hy sy woorde en gebare uitsluitlik tot jou kan rig. Jy sal gou agterkom of dit nog die moeite werd is om met julle verhouding voort te gaan.

STADIG OOR DIE KLIPPE Of dit aan die begin of later in julle verhouding is, daar mag 'n tyd kom wanneer dinge te vinnig vir jou vorder: seksueel of emosioneel. Hy wil verder gaan, by jou slaap of met jou trou; jy wil nie oorhaastig optree nie.

Die probleem is dat vrouens tot vandag nog grootgemaak word om sogenaamd 'ordentlik' te wees. Dis hoekom ons soms lyftaal gebruik wat vriendeliker en aangenamer lyk as wat ons binnekant voel. So, selfs al sê ons nee, gaan dit dikwels gepaard met 'n gerusstellende halfglimlag of 'n knik, asof ons wil sê: 'Dis als reg.' Jou maat kan die tekens ongelukkig maklik interpreteer as: 'As jy aanhou vra, sal ek ja sê.'

Vermy so 'n misverstand deur lyftaal waarmee jy 'jou stem dik maak'. As hy druk op jou uitoefen oor iets, begin deur fisiese kontak te verbreek; beweeg effens terug sodat jy nie in die versoeking

liefdes*tekens*

Sy ernstige en kwaai uitdrukking – hier dui die vorentoe leun woede aan, nie belangstelling nie – wys daar kom 'n rusie. Sy draai weg en kyk nie vir hom nie – 'n tipiese manier om 'n uitbarsting te voorkom. Haar hande hou mekaar vas – sy is bang en gespanne. Sy gebalde vuiste wys weer hy is reg om aan te val.

Hier wys haar woede meer. Haar liggaam is direk na hom gedraai en sy kyk hom reguit aan – 'n teken dat sy hom gaan konfronteer. Haar hande is nie meer geklem nie – sy maak reg om op te tree. Hy het sy hande weer in sy sakke gesteek en probeer haar nie-verbaal gerusstel dat hy nie so gereed is om aan te val nie.

kom om jou boodskap te ondermyn deur 'n liefdevolle gebaar nie. Draai direk na jou maat toe en kyk hom in die oë – 'n teken dat jy regtig bedoel wat jy sê. Asem een keer diep en stadig in en uit om te ontspan – dit sal jou nie-verbale kommunikasie boonop nog duideliker maak.

Moenie glimlag nie, nie eens effens nie; dit is die een lyftaalteken wat jou 'nee' die meeste ondermyn. Hou jou mond eerder in 'n ontspanne maar ernstige posisie, laat sak jou ken 'n fraks sodat jou keel oop is en jou stem nie te 'kleindogtertjierig' klink nie.

Sluk sodat jy nie huiwerig of stotterend begin praat nie, praat sag en wees saaklik. Sê wat jy wil sê en hou dan op. (Baie mense meen dat jy jou boodskap vir die meeste effektiwiteit net tot 'n paar woorde moet beperk. Wanneer daar druk op jou uitgeoefen word om te verduidelik of verder uit te wei, moet jy nie daaraan toegee nie: herhaal eenvoudig jou boodskap van vroeër.)

Hierdie soort lyftaal sal dinge nie noodwendig vir jou maklik maak nie. Al stel jy jou saak ook hoe kalm, ontsê jy jou maat dit wat hy wil hê, en hy

liefdes_tekens_

Hier laat sak sy haar kop om aan te dui dat sy instem en haar skik by hom, 'n stamteken dat iemand die konflik wil beëindig. Maar haar getuite mond wys sy is nog steeds kwaad; die lug is nie gesuiwer nie.

gaan nie daarvan hou nie. Die benadering vermy ten minste die eindelose gesprekke en argumente wat mag ontstaan omdat hy dink jou negatiewe antwoord is eintlik 'n bedekte positiewe een.

Wat as die teenoorgestelde gebeur en hy sê nee vir jou? Hoe reageer jy? As hy die woord 'nee' gebruik, moet jy eerstens aanvaar wat hy sê, net soos jy wil hê hy moet jou glo as jy nee sê, al weerspreek sy lyftaal dit. Ignoreer sy lyftaaltekens: dit kan dui op apologie, onsekerheid, skuldgevoel of vrees, en dit alles sal sy boodskap net verwar.

Maar wat as hy ja sê en jy vermoed hy bedoel eintlik nee? Wees op die uitkyk vir tekens dat sy liggaam werklik vir jou nee sê: sy kop wat skud of handgebare. As hy huiwer terwyl hy praat, halfpad ophou en oorbegin, en sy woorde sluk, mag dit beteken dat hy iets anders wil sê as wat by sy mond uitkom. Om iemand se werklike bedoelings uit sy verbale en nie-verbale tekens af te lei, sal nie konflik verminder nie, maar dit kan lei tot beter kommunikasie en gevolglik tot 'n beter oplossing vir die probleem.

Oor en verby

Jy kan dink die feit dat jy wip soos jy skrik wanneer hy bel en woedend is as jy hom sien, beteken julle verhouding is diep in die moeilikheid. Hoewel sulke reaksies nie positief is nie, beteken dit nie dat dit die einde is nie. Terwyl daar nog gevoelens is, is daar nog 'n emosionele band tussen julle; jou liggaam voel die verhouding is nog op die een of ander manier belangrik vir jou, al ervaar jy dit in hierdie stadium net as pynlik.

Aan die ander kant bel hy jou of jy sien hom en al wat jy voel, is 'n ligte irritasie of 'n gevoel van doodsheid. Dan sê jou liggaam vir jou die skrif is aan die muur. Dis dalk nou tyd om die verhouding te beëindig en jou lewe voort te sit sonder hom.

As jy nog vir hom omgee, maar daar is heeltyd probleme, moet jy na julle wedersydse lyftaal kyk. 'n Langtermyn-verhouding toon dalk nie dieselfde tekens van verliefdheid as 'n nuwe een nie, so moenie jou bekommer as die tekens nie daar is nie. Wanneer jy wel bekommerd moet raak, is as hy weg beweeg wanneer jy nader kom, of omgekeerd, of as julle mekaar nie meer in die oë kyk of nie meer by mekaar aanpas nie en mekaar met woorde en bewegings pootjie. Dit alles beteken dat julle nie-verbale ritmes uit pas uit is.

Let verder ook op die energievlak tussen julle. 'n Verhouding wat die moeite werd is, gee jou energie (behalwe in gevalle van korttermyn-uitputting); jy beweeg ligter en makliker en jou stemtoon spreek van selfversekerdheid. Is julle skielik moeg wanneer julle by mekaar kom, julle gebare ongeïnteresseerd en julle gesigte en stemme uitdrukkingloos? Dan is julle verhouding nie vir een van julle meer stimulerend nie.

Luister ook na wat jou reuk- en smaaksintuie, jou mees basiese emosionele barometers, vir jou sê. In 'n verhouding wat op die rotse is, sal jy skielik dink jou maat ly aan 'n slegte asem, terwyl sy liggaamsreuk se 'handtekening' in werklikheid glad nie verander het nie – al wat verander het, is dat dit jou nie meer aanstaan nie.

Kyk laastens ook na julle sekslewe. Mense in langtermyn-verhoudings maak mettertyd miskien minder gereeld liefde, en hartstog verflou ook tydelik in gevalle soos wanneer die een persoon onder stres is. Maar 'n afkeer van liefdemaak, 'n wegskram van aanraking of 'n onvermoë om seksueel op jou maat te reageer, is jou liggaam se manier om vir jou te sê daar is iets verkeerd.

Kan lyftaal help om die proses om te keer? Die meeste van die tekens wat hierbo genoem is, is simptome van 'n onderliggende probleem, nie die oorsake daarvan nie. Dit dui daarop dat jy en jou maat nie dieselfde doel voor oë het nie, dat julle vertroue in mekaar verloor het, of dat julle nou ander belange het. Dit sal dus nie help om julle lyftaal te verander nie. Maar as julle die probleme kan bespreek en oplos, sal julle nie-verbale tekens, asof deur towerkrag, weer positief word. Die enigste uitsondering hier is wanneer julle probleme te

---

Vroeë liefde beteken baie aanraking, diep oogkontak en hartstogtelike seks – of julle werklik by mekaar pas of nie.

liefdes_tekens_

liefdes*tekens*

wyte is aan fisiese onaanpasbaarheid. Jy hou van drukkies, hy nie; hy hou van seks sus en jy hou daarvan so. As dit die geval is, kan julle met behulp van 'n seksterapeut werk aan julle lyftaal, sowel in die bed as daarbuite.

Wat as julle besluit om maar die verhouding te beëindig? Dan sal die stryd tussen julle meestal in woorde wees – onderhandelings oor wie sê vir wie se vriende en familie daarvan en wie kry wat. Maar sodra die besluit finaal is, kan julle sake vergemaklik deur nie vir mekaar 'onhulpvaardige' tekens te gee nie. Bly kalm wanneer julle bymekaarkom om oor dinge te gesels en vermy die lyftaaltekens wat irritasie weerspieël, naamlik gespanne skouers, 'n gedurige frons, saamgeperste lippe, uitdagende oogkontak en 'n skerp stemtoon. As die menslike liggaam hierdie tekens waarneem, gaan hy outomaties oor tot die aanval en julle sal al meer aggressief teenoor mekaar raak.

As jy egter te veel positiewe tekens gee, loop jy die gevaar om vir hom nie-verbaal die indruk te gee dat jy nog belangstel. Maak dus seker dat jy 'n groot genoeg afstand tussen julle behou wanneer julle mekaar ontmoet. Rig versperrings op – 'n restouranttafel of 'n kantoorlessenaar – en as jy moet gaan sit, kies 'n stoel met armleunings. Skep 'n duidelike 'toegang verbode'-gebied om jou met jou gebare, jou gebrek aan oogkontak en 'n effense frons wanneer hy nader kom. Gee vir hom 'n duidelike boodskap dat jy alleen wil wees en vermy sodoende ongelukkige pogings tot versoening.

Is dit liefde?

As julle gelukkig is, is julle seksualiteit gebaseer op werklike en opregte toegeneentheid, en julle verhouding op ware liefde.

Dit mag lyk asof dit wat ons in die Westerse kultuur 'liefde' noem, niks te doen het met ons liggame se gedrag nie. Dis tog sekerlik alles net suiwer emosie – of, meer sinies gesien, niks meer as 'n feëverhaal nie? Onlangse navorsing toon egter die verskynsel is in werklikheid gebaseer op jou liggaam se fisiologiese reaksies wanneer jy iemand ontmoet en julle 'n verhouding aanknoop. Wanneer

jy hom die eerste keer ontmoet en daar is 'n onmiddellike reaksie, reageer jou hele liggaam. Jou brein stel 'n chemiese stof genaamd feniletilamien vry. Dit beïnvloed jou senustelsel net soos enige sterk dwelm. Jy is toenemend bewus van jou liggaam en seksualiteit; jy is in 'n deurlopende 'toestand' van begeerte. Jy kan jou eetlus verloor, sukkel om te slaap, ly aan skielike hoë vlakke van adrenalien wat jou rusteloos en verstrooid maak, jou hartklop is onreëlmatig en jou bloeddruk spring op en af.

Hierdie uitwerking wat liefde op jou het, is nie net jou verbeelding nie – dit bestaan werklik en beïnvloed werklik jou liggaam. Dit word veroorsaak deur die nuwe man in jou lewe en het net een doel voor oë: om julle by mekaar uit te bring.

liefdes*tekens*

Wanneer daar 'n hegte band tussen 'n paartjie bestaan, sluit hulle liggaamstaal by mekaar s'n aan selfs tydens 'n speelse argument.

Hoe jy hierdie simptome hanteer, hang van jou situasie af. As julle albei beskikbaar is, kan jy net jou instinkte volg. Jy bou 'n verstandhouding met jou nuwe maat op deur al die wonderlike romantiese dinge wat so tipies is van liefde. Jy sal moontlik meer ingedagte wees, baie energie hê, uitstekend voel: jou brein voer jou liggaam die liefdesdwelm druppeltjie vir druppeltjie, en solank dit aanhou, voel jy heeltemal anders.

Maar wat gebeur as jy en die persoon vir wie jy lief is nie 'n verhouding kan aanknoop nie, of wat as julle wel het en dit werk nie? Wat jy dan ervaar, is baie pynlik: jou liggaam ly aan 'n oordosis en jy weet nie hoe om die simptome te verlig nie. Die beste manier om die probleem aan te pak, het eintlik niks te doen met lyftaal of nie-verbale kommunikasie nie – dit is om te sorg dat jy so gou moontlik, op watter manier ook al, ontnugter word deur die een op wie jy verlief is. Dan sal jou brein outomaties ophou om feniletilamien af te skei. Na 'n paar weke of maande van 'onttrekkingsimptome' en 'herstel', waartydens jy uitgeput en huilerig is, sal jy een dag wakker word en skielik weer normaal voel.

Verliefdheid

As julle verhouding ontwikkel, sal jou liggaam na 'n paar weke of maande besef dit is nie meer nodig om julle na mekaar toe te 'dryf' nie. Jou brein stel nou nuwe chemiese stowwe vry – enkefaliene – wat jou help om struikelblokke te verontagsaam en jou letterlik verdoof teen enige pyn wat jy mag ervaar. Jy begin kalm voel – en dis inderdaad die geval. Jou eetlus kom terug, jy slaap weer beter. Jy voel energiek, ontspanne en gelukkig.

Dit gaan waarskynlik goed met jul verhouding. As julle rusie gemaak het of jy voel teleurgesteld in jou maat, hanteer jy dit maklik, want die enkefalien help jou. Soos in die eerste fase van vriendskap (sien bladsy 40) leer julle alles van mekaar, verbaal en nie-verbaal. Julle is nog seksueel aangetrokke tot mekaar, maar julle behoefte aan liefdemaak is nie meer so 'desperaat' soos aan die begin nie.

Julle natuurlike nie-verbale kommunikasie en verstandhouding lyk belowend, maar pas op. Moet jou nie nou op grond van jou gevoelens aan iemand verbind nie. Ignoreer jou lyftaal en maak seker dat julle werklik by mekaar pas. Let op netelige dinge soos onderliggende oortuigings, waardes en lewensideale. Slegs as julle op dié vlak by mekaar pas, kan jy jou verbind tot 'n vaste verhouding.

Versterk die liefdesband

As julle verhouding voortgaan, kom daar die een of ander tyd, 'n paar maande of selfs jare na julle eerste ontmoeting, 'n derde chemiese verandering.

liefdes*tekens*

Wanneer dit goed gaan, kan julle bekostig om te speel – ontspanne en gelukkig, liefdevol, hoewel dikwels minder seksueel.

Enkefalien help jou steeds om probleme te oorbrug, maar jy kry boonop 'n dosis endorfien, wat sorg vir intense plesier en 'n gevoel van tevredenheid.

Jy voel innerlik rustig en ontspanne. Jou nie-verbale kommunikasie met jou maat sê vir jou dit gaan goed met die verhouding. Daar is moontlik af en toe 'n probleem, maar jy hanteer dit maklik. Jy kan weer begin aandag skenk aan ander belangrike aspekte van jou lewe: jy maak opnuut kontak met jou vriende, skenk meer aandag aan jou kinders, of werk weer aan jou loopbaan.

Van buite af gesien, begin lyk julle verhouding nou meer na 'n gewone vriendskap as 'n seksuele verbintenis. Die eerste tekens van seksuele intimiteit, die gedurige oogkontak, aanrakings en versperringstekens wat vir ander gesê het 'Bly weg, ons is besig' is nou irrelevant. Julle het dit nie meer vir gerusstelling nodig nie, en ander mense het dit nie meer nodig om te weet julle is 'n paartjie nie.

Julle begin nou al meer by mekaar aanpas op die dieper vlakke, wat 'n mens net by die heel intiemste menslike verhoudings kry. Julle houdings en gebare komplementeer mekaar al hoe meer, so ook julle stemtoon en gesigsuitdrukkings. Julle manier van asemhaal en die ritme van julle hartklop word dieselfde. Verder ontwikkel julle jul eie nie-verbale 'tradisies' – maniere van kyk, beurte maak, soen, stry – 'n unieke manier van saamwees wat julle verhouding kenmerk. Julle pas nou reeds soveel by mekaar aan dat julle selfs dieselfde fisiese swakhede of neigings ontwikkel, byvoorbeeld baie getroude pare sterf uiteindelik aan dieselfde siekte! Julle nie-verbale lyftaal sal vir 'n buitestander lyk soos 'n dans sonder woorde.

Liefde wat hou

En wat as dit alles nie gebeur nie? As 'n verhouding nie mettertyd so 'n diep vlak van kommunikasie ontwikkel nie, kan dit tot 'n einde kom. Soos vroeër reeds gesê is in die teks, om lyftaal te gebruik om 'n

kwynende verhouding te red of nuwe lewe in 'n sterwende verhouding te blaas, is dan gewoonlik 'n geval van te min te laat.

Maar jy kan lyftaal gebruik om julle liefde vir mekaar 'in stand te hou'. Wees dus van die begin af bewus van julle sekwensies wat dui op 'n goeie verstandhouding tussen mekaar en skep dan ook

liefdes_tekens_

geleenthede om hulle verder te ontwikkel. Doen dinge saam wat vereis dat julle mekaar se lyftaalpatrone beter moet leer ken: neem saam deel aan die een of ander sportsoort of maak liefde.

Let op na jou en jou maat se onderskeie nieverbale kodes, in die bed en daarbuite, en ontwikkel al hoe meer begrip vir hierdie kommunikasiekodes.

As die verhouding uiteindelik goed op dreef is en alles daarmee goed gaan, sal julle lyftaal dit geleidelik begin weerspieël. En as julle lewe saam julle help om mekaar beter te verstaan en te waardeer op 'n geestelike vlak en mekaar meer by te staan op 'n emosionele vlak, sal julle lyftaal uiteindelik ook die voorbeeld volg.

4

Lyftaal sal jou help met jou loopbaan. Kwalifikasies, ondervinding en werksvermoë is belangrik, maar mense takseer jou, dikwels onbewustelik, ook op grond van ander faktore. Spreek jou lyftaal nie-verbaal van selfvertroue en bekwaamheid?

op kantoor

lyftaal by die werk

Dié afdeling van die boek kyk na werksituasies: omgewing en kleredragkode en hoe die stelsel werk; hoe om lyftaal te gebruik om goed te voel op kantoor; en die maniere waarop lyftaal jou kan help om oor die weg te kom met kollegas en base. Daarna kyk ons na drie spesifieke werksituasies, naamlik die vergadering, die kliënt en die onderhoud, en laastens wys ons hoe lyftaal jou kan help om jou potensiaal te bereik namate jy vorder in jou loopbaan.

Tekens op kantoor

Of hulle dit nou besef of nie, die meeste maatskappye skep 'n werksomgewing wat 'n nie-verbale weerspieëling van hulle spesifieke werksetiek is. Hulle personeel skep dan 'n nie-verbale subkultuur deur hulle werksarea in te rig op 'n manier wat hulle pas en hulle houding weerspieël. As jy suksesvol wil wees by die werk, sal jy die 'huisstyl' moet dekodeer en daarby aanpas.

Om dus uit te vind wat die eerste indruk is wat 'n maatskappy probeer wek, kyk jy eerstens na sy gebou(e) se ligging en argitektuur: modern en

op *kantoor*

Hoë plafonne en 'n groot vloerarea beklemtoon die grootte van die maatskappy; die moderne meubels en kunswerk teen die muur wys hulle is bewus van moderne tendense en kan boonop bekostig om daarin te belê. Die ontvangstoonbank is 'n 'versperring' wat aan die maatskappy se verteenwoordiger 'n gesagsposisie gee. Jy kan staatmaak op hierdie korporasie om vir jou topgehalte diens te gee.

byderwets, of klassiek en tradisioneel, funksioneel of ontwerp-georiënteerd, versigtig met geld of luuks?

Die ingang kan al klaar 'n stelling maak: dit sê vir jou hoe die maatskappy oor sy kliënte voel. Staalhekke en sekuriteitswagte beteken hulle is versigtig en uit op die verdediging teenoor buitestanders en personeel (miskien as gevolg van 'n geskiedenis van inbrake, rooftogte, aggressiewe vakbondoptredes of ongevraagde persinmenging). Aan die ander kant, as die ingang leeg en onbeman is, wys dit die maatskappy is ingestel op wat binne gebeur, nie buite nie. Die hoeveelheid mense by ontvangs en hul lyftaalhouding teenoor jou weerspieël duidelik hoeveel besoekers elke dag opdaag en hoe belangrik hulle vir die maatskappy is.

Sodra jy in die gebou is, kan jy die werkstruktuur deurkyk. 'n Firma wat statusbewus is, het duidelike hiërargiese skeidings: aparte kafeterias en toilette vir personeel en bestuurders. Bestuurders het meer spasie, groter kantore, hortjiesblindings vir privaatheid en groter simbole van rykdom soos eikehoutlessenaars. As jy hier êrens wil kom, moet jou lyftaal hierdie skeidings weerspieël: wees formeel teenoor meerderes en ferm teenoor minderes. 'n Meer demokratiese firma daarenteen, sal almal bymekaar hou in oopplan-kantore, hulle meubels sal oral dieselfde wees en net private vergaderings sal agter toe deure plaasvind. Hier moet jy 'n verstandhouding met jou medewerkers ontwikkel; gebruik gesellige lyftaal, laat jou tekens wys jy is bereid om saam te werk. 'n Variasie op sulke nie-verbale tekste kan toon dat mans vir 'n firma belangriker is as vrouens: hulle het groter kantore en toilette en daar is meer areas vir 'manlike' aktiwiteite, soos om drankies te geniet. Die teenoorgestelde is dikwels die geval in firmas waar meer vrouens werk: daar is 'n crèche en spesiale houers met sanitêre doekies is altyd vol.

In ons moderne lewe is dit besonder interessant om te sien watter tekens 'n maatskappy se rekenaars gee van die mense wat hulle gebruik. Sê hulle 'bekwaam' en 'toppersoneel' of 'onintelligent' en 'gewone werkers'? In meer tradisionele firmas behoort die lessenaar met die kleinskerm-rekenaar aan 'n gewone sekretaresse of administratiewe assistent; in firmas wat moderne tegnologie gebruik, het die kreatiewe span die grootste skerms, die bestuurders het almal terminale en die baas dring aan op die nuutste sagteware. Sodra jy bepaal het waar 'n maatskappy op hierdie kontinuum lê, is die geheim om seker te maak jou vaardigheid met rekenaars is op die vlak van die maatskappy waarvoor jy wil werk. As jy hou van rekenaars en vaardig is daarmee, soek 'n firma waar rekenaars baie gebruik word; anders moet jy 'vergeet' van jou vaardigheid, want jou nie-verbale tekens van 'toegeneentheid' tot 'n rekenaar kan veroorsaak dat jy aangestel word op 'n laer vlak as wat jy in werklikheid verdien.

JOU WERKSAREA Moet nooit voel jy moet jou werksarea aanvaar soos wat jou voorganger dit gelaat het nie. Jy werk dalk in 'n hokkie en gril vir die 'dooie' kantoormeubels waarvan jy nie ontslae kan raak nie, maar jy kan nog steeds 'n stelling maak met jou eie lyftaal.

op *kantoor*

Waar werk jy? Probeer sorg dat jy naby aan die mense is met wie jy moet saamwerk, ongeag daarvan of jy onder hulle werk of hulle onder jou; laat die plek waar jy werk, sê jy is op jou medewerkers ingestel. Maak seker jy het genoeg ruimte, sodat jy op jou gemak kan wees terwyl jy werk. 'n Klein hokkie kan jou benoud maak of – nog erger – wys jy het geen status op kantoor nie; laat dit groter lyk deur ontslae te raak van onnodige meubels (al kla die opsigter), hou alle oppervlakke skoon en netjies en hang 'n spieël of twee teen die mure. 'n Groot kantoor is almal se droom en kan wys jy is suksesvol, maar dit kan jou kliënte ook laat ongemaklik voel. Verdeel die vertrek in funksionele gebiede, of rangskik die meubels sodat die area om jou lessenaar ten minste 'intiem' lyk.

Kyk na die 'weersomstandighede' in jou kantoor en hoe dit jou werksvermoë en produktiwiteit gaan beïnvloed. As jy deurentyd produktief wil wees, moet daar natuurlike lig van êrens af inkom en die vertrek moenie te warm of te koud wees nie; temperature van 18 tot 20 °C sorg dat jy wakker bly, maar nie verkluim nie. Navorsing toon dat oorwarm werksomstandighede lei tot irritasie en onsosiale gedrag. Onthou, te veel geraas verbreek jou konsentrasie, selfs al raak jy gewoond daaraan. Bring oorpluisies kantoor toe as daar 'n gedurige geraas naby jou werkplek is. Luister na jou geliefkoosde musiek op jou Walkman terwyl jy besig is met take wat nie juis konsentrasie vereis nie. Klank terwyl jy werk, voorkom dat jy verveeld raak: daarom dat soveel fabrieke vir hulle werkers musiek speel.

Hierdie werksarea is ontwerp soos 'n batteryplaas. Elkeen het sy eie klein werksruimte, maar dit is vol hipertegnologiese toerusting en laat geen ruimte vir individualiteit nie. Die vertrek is baie groot, maar donker, warm, oorvol en onnet, en dit is moeilik om een lessenaar – of persoon – van die ander te onderskei. Hierdie maatskappy wil hoë produksie hê en betaal dalk goeie salarisse, maar stel heel moontlik nie belang in dinge soos inisiatief en interpersoonlike hulp aan werkers nie.

op *kantoor*

Blou en wit dui op bekwaamheid en ontferming en word dikwels gebruik in 'n mediese konteks. Wit is 'n waarborg van higiëne en skoonheid, net soos netjiese uniforms. Verpleegsters dra kappies in steriele omgewings omdat vrouens se hare tradisioneel langer as mans s'n is en dus beheer moet word.

Wanneer kos betrokke is, verskyn die higiëniese kappie maar altyd weer. Maar die kleure word nou donkerder en ryker om goeie diens gekombineer met welvaart te suggereer. Restourantuniforms herinner aan die bediendes van vroeër se klere – die voorskoot is nou suiwer dekoratief.

Kyk ook na die uitleg van jou werksarea. Is daar genoeg plek om te doen wat van jou verwag word – fone beantwoord, kliënte spreek, saam met kollegas vergadering hou? Gee dit vir jou die privaatheid wat jy nodig het? As jy nie 'n deur het nie of 'n kantoor met iemand deel, kan jy rekenaars of meubels as 'versperrings' opstel sodat mense nie heeltyd by jou 'inloer vir 'n geselsie' nie. Draai jou lessenaar skuins as jy wil beskikbaar wees, los 'n duidelike pad oop na jou toe en sit 'n stoel langs eerder as oorkant jou om vir mense te wys hulle is welkom by jou.

Maak ook seker dat jou werksoppervlak groot, wyd en laag genoeg is. Sorg dat jou meubels en bykomstighede 'vriendelik' is – vermy stoele wat rugprobleme vererger of daartoe kan lei. Sorg dat die boeke of instrumente waarmee jy werk maklik binne jou bereik is en dat dit nie al verouderd is nie. (As laasgenoemde die geval is, en die maatskappy weier om dit te vervang, sal dit vir jou die moeite werd wees om hulle self te vervang.)

Maak seker die manier waarop jy jou werksarea inruim, gee 'n duidelike lyftaalboodskap van bekwaamheid. 'n Deurmekaar werksoppervlak gaan beswaarlik vertroue inboesem by base, kollegas of mense onder jou. Sorg dus vir genoeg stoorplek waar jy goed kan 'wegsteek', 'n 'in'- en 'uit'-vakkie en 'n goeie liasseerstelsel. En selfs al het jy nie geraak aan die hoop papiere op jou lessenaar nie, spandeer 'n bietjie tyd en maak hulle nogtans netjies voor jy die aand huis toe gaan.

Sorg laastens dat jou kantoor iets van jou persoonlikheid weerspieël. Moenie die maatskappy se styl noodwendig joune maak nie; laat tekens van jou 'private jy' in hierdie 'openbare jy'-omgewing: 'n skildery, 'n vaas, 'n herinnering aan 'n spesiale projek waaraan jy gewerk het – niks te intiems nie, maar lyftaal-'merkers' wat vir jou belangrik is. Sulke toevoegings sal ander meer bewus maak van jou as 'n mens, en jy sal dit geniet om dit te sien wanneer jy opkyk van jou lessenaar.

op *kantoor*

Maatskappy-uniforms: mans dra tradisioneel 'n pak, hemp en das – maar die aanvaarbare styl, materiaal en ontwerp kan verskil van firma tot firma. Vrouens het deesdae 'n groter keuse van wat om kantoor toe te dra – maar in tradisionele beroepe volg hulle die man se pak in amper elke opsig na.

Jeans het 'n slenteruniform geword vandat die jeug van die sestigs dit by Amerika se werkers oorgeneem en in 'n hele kultuur verander het. Deesdae is jeans by 'n elegante baadjie selfs aanvaarbare, semiformele drag in baie beroepe – net soos broekpakke vir vrouens nie meer onaanvaarbaar is op kantoor nie.

Maak 'n indruk

Wat jy werk toe dra, sê baie omtrent jou as individu. Jy kan daardeur vir jou baas sê jy is gereed vir bevordering, of vir jou kollegas jy is 'n vriendelike mens, of vir jou kliënt dat jy weet waarvan jy praat. Dink dus goed na oor watter indruk jy wil maak en kies jou klere daarvolgens – dit sluit natuurlik bykomstighede, grimering en haarstyl in.

Is dit byvoorbeeld vir jou belangrik om gesien te word as iemand met mag en gesag, dalk omdat jy 'n kliënt wil beïnvloed? Die 'kragmasjien'-beeld van die tagtigs werk nie meer nie, maar as jy 'n sterk indruk wil maak, moet jy nog steeds 'manlike' nie-verbale tekens gee. Die sleutel hiertoe lê in vorm en kleur, en in hoe jou gekoördineerde uitrustings subtiel herinner aan 'n man se snyerspak. Bly by donker of gedempte kleurskakerings, elegante en subtiele bykomstighede, ligte grimering en 'n een-voudige, seunsagtige haarstyl sonder vroulike kleurtint of krulle.

Baie informele klere soos op hierdie foto word nog steeds nie in alle werksituasies aanvaar nie, maar is nogtans 'n 'uniform' vir vryetydsbesteding.

op *kantoor*

Gestel jy wil eerder 'n gevoel van samewerking en rapport skep op kantoor – jou werk behels dalk baie een-tot-een interaksie of ondersteuning. Kies dan klere wat jou vroulikheid meer beklemtoon. 'n Romp is 'n universele simbool daarvan, of dra 'n wye, vloeiende langbroek as dit in die mode is – kies altyd sagte, strelende style om te wys jy is ontspanne en 'oop' vir ander mense. Deesdae is klere en bykomstighede in ligte, helder kleure ook 'n aanduiding van vroulikheid, terwyl lang, los hare al eeue lank met die skoner geslag geassosieer word. Grimering is nog so 'n teken. Gebruik dit om jou oë en lippe – die dele van jou gesig wat die meeste uitdrukking het – te beklemtoon, maar hou by subtiele kleure sodat jy nie die grens tussen vroulikheid en seksualiteit oorsteek nie.

'N KWESSIE VAN STYL Jou werk mag van jou vereis om goed ingelig te lyk as jy 'n produk of diens lewer wat 'n wetenskaplike of 'kennersbeeld' het. Leer by die klassieke beroepe wat heeltemal in swart of wit aantrek. Swart word geassosieer met die wet en die kerk, en beteken 'kennis en intellektualiteit', wit beteken 'wysheid en ontferming', want dit word geassosieer met mediese dienste. (Dis ook hoekom dames wat skoonheidsmiddels verkoop dikwels wit dra.) Afgesien van jou nie-verbale boodskap, moet jy jou geslagstekens kleiner maak sodat jy by die werk byna aseksueel kan voorkom. Bind jou hare weg uit jou gesig uit, kies klein en eenvoudige bykomstighede en gebruik ligte grimering wat natuurlik op jou gesig lyk.

Jy moet dalk maklik identifiseerbaar wees, veral as dit jou werk is om 'n spesifieke diens te verskaf. Kies dan lewendige kleure in donker skakerings soos bottelgroen en vlootblou, met 'n wit kraag en mou-omslag. Jou klere se snit en soomlengte moet standaard wees – die meeste uniforms kan nie ultramodern wees nie, anders verloor hulle hul gevoel van tydeloosheid. Jou haarstyl en bykomstighede moet hierby aansluit en klassiek en subtiel wees – maak dit duidelik jy is een van die personeel en nie 'n kliënt nie. As jou maatskappy vereis dat jy 'n spesiaal ontwerpte uniform dra, moet jy oppas vir oordadige bykomstighede en swaar grimering: dit weerspreek die boodskap van 'diens' wat jy aan jou kliënte wil oordra, dit verwar hulle en sal beslis ook die bestuur irriteer.

Al hierdie aspekte – mag, verstandhouding, seksualiteit, bekwaamheid, identifiseerbaarheid – moet aan- en inpas by die soort beroep wat jy beoefen. Mense moet kan sien jy is sterk maar toeganklik, goed ingelig maar vroulik. Kombineer dus verskillende style vir die beste effek. Opnames het gewys dat vrouens in die sakewêreld met 'n deur en deur manlike of uiters vroulike beeld 'n minder positiewe indruk maak as vrouens wat die twee style kombineer deur byvoorbeeld 'n 'werkspakkie' in warm kleure te dra saam met elegante juwele en kundige grimering.

DIE DRAGKODE Saam met jou persoonlike voor- en afkeure moet jy natuurlik ook jou maatskappy se basiese ongeskrewe dragkode in gedagte hou. Dit, net soos die argitektoniese 'huisstyl', word oorspronklik bepaal deur die base. Hulle besluit op 'n formele kode (geen jeans nie . . . hare uit die gesig . . .) en die werkers sal hulle dan daarna skik soos wat dit hulle pas (ons dra almal swart hier . . . almal se hare is gekartel . . .). Leer wat die kode is en volg dit na, tensy jy vir die base die nie-verbale boodskap wil gee dat jy nie omgee nie en vir jou kollegas wil sê jy is nie deel van die span nie.

Dit sal maklik wees om die formele kode te volg. As die kantoorbestuurder of personeelafdeling nie daarvan weet nie, bestaan dit nie – vra dus. Daar is egter geen geskrewe riglyne vir 'n informele dragkode nie; jy sal self een moet uitwerk. Dit sal natuurlik ook verskil binne een en dieselfde beroep en na aanleiding van die maatskappy en afdeling waarin jy werk, jou ouderdomsgroep, en hoe senior die pos is wat jy beklee. Dit kan jou kollegas net so ongelukkig maak as jy bo jou 'stand' aantrek as wat dit die bestuur sal maak as jy te informeel by die werkplek opdaag. Een duidelike voorbeeld is dat die dragkode vir byvoorbeeld opleiding of op middelbestuursvlak steeds die elegante pakkies is. Maar as jy aan die ander kant 'n modeverslaggewer

op *kantoor*

of in openbare betrekkinge is, moet jou styl 'nou' wees, anders is jou kanse op sukses maar skraal.

Ten einde die ongeskrewe dragkode te kan volg, moet jy oplet hoe jou afdeling of jou gelykes by die werkplek opdaag. Watter soort klere dra mense – rompe, broeke, pakkies, rokke? Hoe formeel of informeel is hulle; hoe modieus? Watter kleure verkies hulle? Dra die mense gereeld nuwe uitrustings of is dit heeltemal aanvaarbaar om twee dae na mekaar dieselfde ding te dra? Hoe lyk hulle skoene? Hoeveel juwele dra die vrouens – hoe uitspattig en duur is dit? Watter haarstyle het mense? Hoe lank is hulle hare en is dit gekleur of gekartel? Watter grimering, indien enige, word gedra? As deel van jou poging om 'n sukses van jou nuwe werk te maak, is dit raadsaam dat jy die eerste paar dae fyn oplet na hierdie aspekte sodat jy kan uitvind wat die betrokke dragkode is. Eers hierna is jy gereed om jou klerekas en algemene voorkoms dienooreenkomstig aan te pas.

Voel goed by die werk

Dit is belangrik om op kantoor in 'n goeie emosionele toestand te wees. As jou lyftaaltekens wys jy is buierig, sal jou kollegas begin dink jy is so 'n soort mens. En 'so 'n soort mens' kan maklik sy kanse op bevordering benadeel.

Onlangse navorsing in sportsielkunde toon daar is 'n korttermyn-oplossing vir hierdie probleem – jy kan nie-verbale tegnieke gebruik om van jou slegte bui ontslae te raak. As jy dit doen, sal jou lyftaal spontaan en opreg verander: jy sal, ten minste vir 'n ruk, nie in 'n slegte bui wees of nie-verbale tekens daarvan gee nie.

Dieselfde opdrag, maar verskillende reaksies. Gerhard, regs, se duidelike selfvertroue spreek uit sy ontspanne bewegings en hy konsentreer op wat hy doen. Karel, links, staan terug en kyk anderpad om sy senuweeagtigheid weg te steek. Sy frons, bleek gelaat en gespanne houding wys dit vir ons.

op *kantoor*

As ons gemotiveerd is, leun ons spontaan vorentoe, gebruik breë gebare, en ons oë is groot, 'n klassieke teken dat ons geïnteresseerd is. 'n Ongemotiveerde persoon probeer onbewustelik wegbeur, hou sy gebare naby sy liggaam en trek sy kop skeef. Sy oë lyk wasig of is op skrefies getrek, hy kyk op, frons en gebruik gerusstellingsgebare.

Verdwyn jou selfvertroue skielik voor 'n groot vergadering of gedurende 'n belangrike projek? Tekens van onsekerheid is 'n manier om stilweg aan ander te wys dat jy nie die situasie kan hanteer nie. Voor mense in woorde gepraat het, het hulle panieketekens gebruik om hulp te vra. In die moderne lewe gebruik ons 'n 'sagter' weergawe daarvan, byvoorbeeld bewerige gebare, 'n gehakkel, 'n skor stem, 'n droë mond, 'n bleek gesig en swak koördinasie. As jou gebrek aan selfvertroue ongegrond is, met ander woorde as jy jou feite ken, maar net nie in jouself glo nie, probeer om die volgende strategie te volg.

Begin deur te dink aan 'n geleentheid toe jy selfversekerd gevoel het – jy het geweet jy kan iets goed doen en jy het ook. Dink terug aan toe, sien wat jy gesien het, hoor wat jy gehoor het, voel wat jy gevoel het. Hierdie oefening sal begin 'klokkies lui' in jou liggaam: jy sal onthou hoe dit voel om selfvertroue te hê. Namate jy die positiewe gevoel al beter onthou, sal jy begin reageer deur te ontspan, rustiger asem te haal en beter te konsentreer.

Probeer om hierdie gevoel wat na jou toe terugkom 'n bietjie 'groter' te maak. Staan met jou voete effens uitmekaar sodat jy voel jy is stewig op die aarde. Asem diep in en uit en ontspan nog meer met elke asemteug. Voel hoe jou hart stadiger klop, hoe jou liggaam minder adrenalien afskei en jou mond weer begin klam word. Miskien wil jy hardop iets sê: tel van een tot tien om van die laaste paddas in jou keel ontslae te raak en seker te maak jy het jou stem onder beheer.

Jy sal op hierdie manier moet oefen om meer selfversekerd te voel sodat jy jou liggaam kan leer om met selfvertroue te reageer wanneer jy dit nodig het. Wanneer jy dit regkry om bewustelik jou selfvertroue 'op te roep', gee jy vir jouself 'n beweging, soos 'n vinnige asemteug of die manier waarop jy regop staan en iemand in die oë kyk om die regte 'klokkie' te lui. Gebruik hierdie beweging in situasies waar jy nie seker van jouself is nie: dit sal jou liggaam dan outomaties herinner aan sy lyftaal wat van selfvertroue spreek.

Maar wees gewaarsku. Hierdie 'klokkie'-tegniek werk net wanneer jy wel die vermoë het om iets te doen, maar dit net vir 'n oomblik vergeet het. Moenie jouself forseer om selfversekerde lyftaal te gebruik as jy in werklikheid rede het om senuweeagtig te wees nie – wanneer jy swak voorberei is vir 'n projek of net eenvoudig nie daarteen opgewasse is nie. As jy iets regtig nie kan doen nie en jy weet dit, is jou enigste oplossing om te verbeter. As jy jou liggaam onder hierdie omstandighede vra om op die regte manier te reageer, gaan jy (en heeltemal geregverdig ook) beslis in die steek gelaat word.

MEER MOTIVERING Selfvertroue se lyftaal spreek van ontspannenheid en stabiliteit, maar motivering se lyftaal weerspieël weer energie en wakkerheid. Aanhoudende swak motivering by die werk vereis natuurlik loopbaanberading en nie nuwe lyftaal nie. Maar as jy moet deurdruk tot die einde van 'n vervelige opleidingskursus, of moet wakker bly deur 'n saai vergadering, kan jy jou liggaam oortuig om vir jou energie te gee net soos wat jy hom oortuig het om vir jou selfvertroue te gee.

op *kantoor*

Jy weet wanneer jy gemotiveerd is. Jy is vol adrenalien en jy voel energiek. Mense sien jy kyk en luister belangstellend, jou hele houding is regop en stewig, jou konsentrasie is goed, jou bewegings vinnig en selfversekerd. As jy agterkom jy doen die teenoorgestelde – jy leun terug, krom jou skouers, sluk gape weg, probeer jou oë oophou – moet jy dadelik aan die gang kom en iets doen om meer energie te kry. (Japannese firmas laat byvoorbeeld hulle personeel op sekere tye van die dag hulle werk onderbreek om fisiese oefening te doen.)

Begin deur 'n verskoning te kry om die vertrek te verlaat: sê jy moet toilet toe gaan, indien nodig. Wanneer jy alleen is, begin dadelik rondbeweeg. Jy mag dink dit is simpel om jou skoene uit te trek en te begin rondspring in jou pak klere, maar jy gaan nog erger voel as jy nie die kontrak kry nie! Bly aan die beweeg – darem nie tot jy papnat gesweet is nie, maar totdat jy kan voel jou hart klop vinniger. Onthou ook van die ou raad om yswater op jou polse en die agterkant van jou nek te sit om jou bloedsomloop vinniger te maak.

Wanneer jy weer terug by die vervelige kursus of vergadering is, gebruik jy dieselfde strategie vir selfvertroue se lyftaal om motivering se lyftaal te weerspieël. Dink dan terug aan die vorige keer toe jy gemotiveerd gevoel het. Herhaal daardie tekens nou doelbewus: leun vorentoe in jou stoel, trek jou bene onder jou in asof jy belangstel, en hou jou asemhaling sag maar vinnig.

As jy gereeld oefen om gemotiveerd te voel, sal jy jou liggaam later na willekeur kan aansê om so te voel. Jy kan ook 'n 'klokkie' ontwikkel vir jou motivering se lyftaal soos vir jou selfvertroue s'n, byvoorbeeld 'n gebaar soos om jou vingers te klap of jou vuis te bal, wat jou sal herinner hoe dit voel om gemotiveerd te wees. Lui die 'klokkie' en jou liggaam sal reageer!

STRESHANTERING Jy weet gewoonlik baie gou wanneer jy onder spanning is. Jou maag is op 'n knop getrek, jy haal rukkerig asem, jou hart klop vinnig. As jy gedurig so voel, het jy 'n langtermynstresbeheerprogram nodig wat jou sal aanmoedig

Deon se stres word weerspieël deur sy krom, ongebalanseerde houding en gespanne skouers. Sy regterhand stut sy kop in 'n tipiese 'troosgebaar'; sy linkerhand smyt die foon neer – ons haal ons woede dikwels eerder op voorwerpe as op mense uit. Die effense wasige kyk in sy oë wys hy dink aan iets – terwyl sy uitdrukking dit duidelik maak dat dit waaraan hy dink nie te aangenaam is nie.

As dit goed gegaan het met die oproep, is Deon se houding regop, gebalanseerd en stewig. Hy het nie ondersteuning nodig nie – sy hand hoef nie sy kop te stut nie. Sy ontspanne uitdrukking en glimlaggie wys hy's in 'n goeie bui. Sy oë is helder en gefokus: sy aandag is by sy werk.

op *kantoor*

Dit lyk of Susan, ver links, Paul, wat oor die tafel leun, se aandag wil trek. Maar hy is besig om met Nina te gesels – suiwer vriendskaplik. Gerhard, op die voorgrond, se nie-verbale 'merkers' wys na Susan. Hoekom is Karel se hand op sy mond – wat wil hy nie sê nie?

om jou hele lewenswyse te verander. Maar as jy net nou en dan oorweldig word, is daar lyftaaltegnieke wat kan help.

Wanneer jy begin gespanne voel – moontlik word dit veroorsaak deur slegte nuus oor 'n projek waarmee jy besig is of spanning wat in die loop van die dag opbou – moet jy sorg dat jy iewers kom waar daar nie onderbrekings sal wees nie. Dit kan nodig wees om jou kantoordeur toe te maak en die foon van die mik af te haal. Sit gemaklik, of lê selfs op die vloer as jy enigsins kan en ontspan geheel en al vir vyf minute.

Jy sal vind dit help om terug te dink aan 'n tyd toe jy ontspanne gevoel het, of om te fantaseer oor 'n plek waar jy kan ontspan: 'n eiland in die son, 'n uitstappie in die natuur, 'n warm bad. Laat jou liggaam 'afwen'. Dit help om op elke liggaamsdeel afsonderlik te konsentreer: van jou voete af op deur jou bene tot by jou heupe, maag en borskas, deur jou skouers, af met die arms en hande en terug op tot in jou nek en kop. Haal die hele tyd diep asem en tel stadig van een tot tien terwyl jy dit doen. Lê dan vir 'n paar minute stil, konsentreer op jou asemhaling, en as jy beter voel, begin jy stadig terugtel van tien tot by een sodat jy kan terugkeer na die hier-en-nou. Maak hierdie ontspannings-oefening deel van jou daaglikse roetine en sorg dat jou brein jou liggaam daarvoor programmeer. 'n Mens het nie altyd op kantoor genoeg tyd om deur die hele sekwensie te gaan nie, maar mettertyd sal jy net stadig van een tot tien hoef te tel om jou liggaam te laat ontspan.

Die drie tegnieke in hierdie afdeling sal nie diepgesetelde probleme oplos of groot persoonlike verandering teweegbring nie. Maar dit sal jou help om 'n projek suksesvol af te handel, om deur 'n

op *kantoor*

Susan en Gerhard, en Paul en Karel, hou die ander uit hulle gesprek deur hulle posisies en oogkontak met mekaar. Isabel, ver links, se gespanne skouers en bewustelik netjiese arm- en beenposisies wys sy is nog gespanne in hulle geselskap – sy's moontlik nuut op kantoor.

vergadering te kom sonder om aan die slaap te raak, of om die dag op kantoor te oorleef sonder om te gil van frustrasie.

Jy en jou kollegas

Wat werksituasies so uitdagend maak, is die feit dat mense wat dag na dag saamgegooi word stelselmatig 'n kantoorpolitiek ontwikkel: vriendskappe, vyandskappe, magspeletjies en mededinging. Jy moet hierdie dinge verstaan om dit te kan hanteer – maar omdat mense selde onbevooroordeeld daaroor kan praat, is jou beste bron van inligting moontlik om hulle lyftaal noukeurig dop te hou.

Begin deur die rangorde op kantoor te ontleed. Ons praat nie nou van die formele onderskeid tussen bestuurs- en personeelvlak nie, maar van die informele hiërargieë tussen jou en jou kollegas, die plek wat jy beklee in die 'volgorde van belangrikheid' op kantoor. Dit word bepaal deur wat elke groep as belangrik ag: senioriteit, hoër salarisse, om getroud te wees, of talentvol, of in die mode – of selfs om 'n man te wees.

Fyn waarneming sal vinnig vir jou sê waar jy by jou groep se rangorde inpas. Hoe hoër jou posisie is op hierdie rangordelys, hoe meer mense sal na jou luister. As jy iets sê, sal die mense 'onder' jou luister, hoewel dié 'bo' jou sal voel hulle mag jou in die rede val. Hoe hoër jou posisie, hoe meer sal mense met jou saamstem, instemmend knik wanneer jy praat, jou voorstelle volg. Mans is dikwels geneig om meerderwaardig te wees en vrouens in die rede te val, al beklee hulle 'n laer posisie as hulle. As 'n manskollega dit gedurig doen, is dit belangrik dat jy terugveg, anders gee jy vir hom 'n nie-verbale boodskap wat sê jy aanvaar dat jy aan hom 'ondergeskik' is.

op *kantoor*

AAN WIE SE KANT IS JY? Afgesien van rangorde moet jy ook op die uitkyk wees vir wie vriende en wie vyande is. Eenvoudige vriendskap is maklik om raak te sien. Die klassieke tekens is mense wat graag tyd saam deurbring, bly is om mekaar te sien, lank oogkontak behou en by mekaar se gebare en houdings aanpas. As 'n hele afdeling vriende is, moet jy soek vir groepskakeltekens soos 'n neiging om dieselfde soort klere te dra en na werk na dieselfde plek toe te gaan vir drankies, en ook vir gebiedstekens, soos dat hulle altyd by dieselfde tafel in die kafeteria sit.

As jy deel van so 'n groep wil word, volg bladsy 43 se riglyne oor hoe om vriende te maak. Die feit dat julle so 'op' mekaar werk, sal die inisiasiefase aansienlik verkort; mense wat dieselfde soort werk doen se lyftaal begin op 'n diep vlak by mekaar aanpas en dit lei outomaties tot harmonie. Jy kan die proses ook aanhelp deur die boek se wenke te gebruik in die afdelings oor rapport, wat in mense se koppe aangaan en hoe om iemand se persoonlikheid te verstaan (vanaf bladsye 24, 30 en 34). Maar onthou, werksvriendskappe wat oor 'n tydperk van maande en jare opgebou is, is meer eksklusief as selfs die permanentste vriendskapsgroepe (kyk bladsy 43). As jy wil hê die groep moet jou aanvaar as een van hulle, moet jy dus bereid wees om gedurende teetyd vir 'n ruk taamlik stil te sit en luister hoe hulle onder mekaar gesels, om vir ander se grappe te lag al is dit nie vir jou snaaks nie, en om vir lank na hulle geliefkoosde kroegie of restourant toe te gaan na werk.

As jou kollegas jou nie aanvaar nie – weens jaloesie, kompetisie, of eenvoudig omdat jy nie by die groep inpas nie – sal jy dit nie maklik agterkom nie. Dis nie aanvaarbaar om openlik vyandiggesind te wees in 'n situasie waar mense dag na dag saamwerk nie, en in 'n oorwegend manlike omgewing wys mans minder fisiologiese tekens van hulle emosies as vrouens. As dinge om onverklaarbare redes vir jou bly verkeerd loop, wees op die uitkyk vir 'lekkasies': 'n vriendelike uitdrukking word skielik onderbreek deur 'n mikroleidraad van 'n meer negatiewe emosie. Mans wys makliker lekkasies van woede as vrouens, wat van nature makliker warmte of berou toon. As jy dus 'n projek suksesvol afgehandel het, en sien iemand se glimlag van gelukwensing word vlugtig oorskadu deur 'n bitter mondbeweging, moet jy weet wat jy sien, is heel moontlik jaloesie. As jou werk met iemand

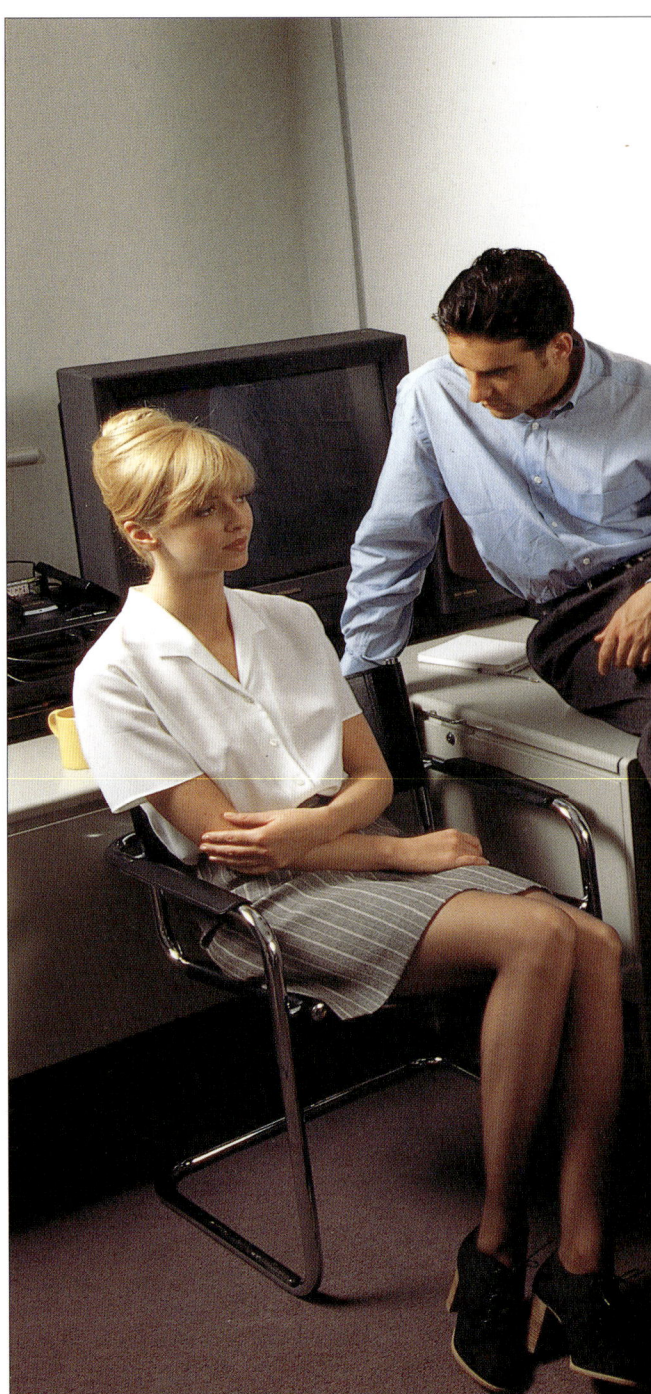

op *kantoor*

anders s'n vergelyk word en daardie persoon lyk vir 'n oomblik gespanne en aggressief, weet jy hy of sy kompeteer met jou. As jy 'n grap vertel en jy sien tussen die ander wat lag hoe iemand spottend of geïrriteerd opkyk, weet jy die betrokke persoon is jou vyandiggesind. Doen betyds iets daaraan.

Isabel is teen dié tyd al gemakliker in haar werksituasie. Maar Gerhard se opdringerige houding veroorsaak dat sy hom 'afweer'; sy stel meer in Karel belang. Agter wys Susan en Nina se gespanne houdings dat hulle besig is met 'n onderonsie. Die posisie van Paul, regs, se kop en regterarm wys hy konsentreer op werk en wil nie gehinder word nie.

op *kantoor*

As jy sulke tekens sien, sal dit moeilik wees om saam met mense te werk, dus moet jy iets aan die saak doen. As dit 'n groep is wat teen jou is, moet jy hulle nie saam aanpak nie; hulle sal mekaar se nie-verbale waarskuwingstekens sien en hulle geledere teen jou sluit. Verower lede van die groep eerder een vir een; dis makliker om mense te hanteer as dit net julle twee alleen is wat gesels. Bespreek 'n projek op 'n een-tot-een basis, gebruik al jou rapport-tegnieke tot julle verskillende lyftale by mekaar begin aanpas en julle dan vanself beurte maak. As jy dit doen, is jou nie-verbale boodskap nie 'Ek is teen jou...' of 'Jy soek moeilikheid' nie; dis eerder 'Ons is eenders en ek wil hê ons moet goed klaarkom.' Sonder om regtig te weet hoekom, sal die persoon wat negatief teenoor jou ingestel was se houding onbewustelik geleidelik verander. En namate jy meer by hom of haar aanpas, sal jy net so onbewustelik meer simpatie vir die persoon ontwikkel. Ons samelewing se basiese fisiologiese en lewenskondisionering maak dit vir jou moeiliker om aan te pas by manskollegas as by vrouens saam met wie jy werk. As jy mense met wie jy vassit egter konsekwent so benader, sal jy mettertyd agterkom hulle voel minder antagonisties teenoor jou en jy is vriendeliker ingestel teenoor hulle.

LIEFDE OP KANTOOR En laastens, wat van liefde op kantoor? Jy kan sien wie voel aangetrokke tot wie deur te kyk na hulle 'vertoontekens' (sien bladsy 58), maar jy sal nie heeltemal dieselfde tekens op kantoor kry as in 'n sosiale situasie nie. Dit sal meer subtiel wees as gevolg van die omgewing, en veral 'n vrou sal nie naastenby sulke ooglopende flirt-tekens gee nie; sy weet mense hou haar dop. Wanneer die hofmakery egter in 'n verhouding ontwikkel, sal dinge verander. Sy voel veiliger en begin haar gevoelens wys; hy daarenteen, mag minder wys noudat hy sy doel bereik het. Jy kan dikwels sien seks is nou op die agenda as sy na hom

op *kantoor*

Niemand het die reg om hom seksueel aan jou op te dring nie, ook nie op kantoor nie. Maar dit gebeur wel, en in so 'n situasie help dit nie om bedees weg te skram en bloot ongemak te wys, soos wat Anita op die eerste foto doen nie. Dit keer ook nie 'n volgende toenadering nie. Volg eerder haar reaksie op die tweede foto: sy retireer, kyk hom streng aan – duidelike tekens van 'bly weg' – en maak dit ook verbaal duidelik dat sy nie sulke gedrag van hom sal duld nie.

begin kyk en hy hou skielik op om na haar te kyk. Dis veral die geval as hy getroud is en 'n verhouding het. As albei egter getroud is, sal hulle moontlik oornag begin om mekaar totaal te ignoreer.

As jy self 'n verhouding het met iemand by die werk en dit wil wegsteek, moet jou lyftaal vriendelik bly. As jy skielik hartstogtelik of vyandiggesind optree, sal almal weet wat jy wegsteek. Probeer wees soos julle teenoor mekaar opgetree het voor julle verhouding begin het. Maak seker jou lyftaal sê 'kollega en vriend', nie 'hartstogtelike minnaar' nie. Let op die afstand tussen julle: vriende is gemaklik op 'n afstand van 1,2 tot 5 meter, minnaars kom nader aan mekaar, en geheime minnaars sit aan teenoorgestelde kante van die vertrek! Wees bedag op oogkontak; vriende kyk gou weer weg, minnaars staar en geheime minnaars loer nie eens nie. Oppas vir jou stemtoon; vriende se stemme bly normaal, minnaars s'n is laer en stadiger, en geheime minnaars waag dit skaars om met mekaar te praat.

Jy en jou baas

Of jy direk vir 'n baas werk, of net aan een moet verslag doen, jy moet hom of haar nogtans reg hanteer. Begin deur te identifiseer watter soort leierskapstyl hy of sy het, sodat jy dit korrek kan interpreteer en jou daarby kan aanpas.

Bestuurskenners onderskei tussen drie groepe: 'outokraties', 'demokraties' en 'laat-maar-loop'. 'n Baas kan tot een of al drie groepe behoort, en elke styl sal ook sy eie persoonlike lyftaal hê. As jou lyftaal aanpas by jou baas se leierskapstyl, sal julle gewoonlik heeltemal goed oor die weg kom. As jou nie-verbale aanslag jou baas s'n weerspreek, kan daar vir jou probleme voorlê.

Die outokratiese baas – gewoonlik 'n man – heg baie waarde aan die nie-verbale tekens van status wat saamgaan met sy posisie: die lessenaar, die naambordjie, die maatskappymotor. Hy beklemtoon sy status deur sy lyftaal; hy dra duur en formele klere, en het die klassieke 'leiershouding' – regop rug, vierkantige skouers, beheerste bewegings en 'n geligte kop.

Hy hou versperrings tussen julle: hy maak miskien sy deur toe, sit agter sy lessenaar, kyk jou uitdrukkingloos aan en hou sy stem sonder emosie om seker te maak dat jy nie te vriendelik raak nie. Hy sal jou 'n vuil kyk gee as jy iets verkeerds doen; sy uitdrukking en stemtoon sal sy afkeer te kenne gee. (Vrouens wat die outokratiese baas speel, kan as 'onmenslik' gesien word; pas dus op om hulle lyftaal nie verkeerd te interpreteer nie.)

Moenie sy formele lyftaal ondermyn as jy sy perfekte werknemer wil wees nie. Behandel hom formeel, klop voor jy ingaan, wag tot hy vir jou sê om te sit, bly op 'n afstand en moenie sonder sy toestemming na sy kant van die lessenaar beweeg nie. Wag vir sy 'jou beurt'-tekens en moenie hom doodpraat of in die rede val nie. Glimlag en wees aangenaam, maar moenie meer as hy gesels of lag nie, anders dink hy jy mors sy tyd. Kweek 'n op en wakker, saaklike houding, en praat duidelik, maar nooit hard nie. Onthou, moenie waag om beter te probeer aantrek as 'n outokratiese baas wat 'n vrou is nie!

op *kantoor*

BO: Die laat-maar-loop baas se wysende hand hou sy sekretaresse op 'n afstand. Hy hou haar verder weg deur effens terug te leun en nie vir haar te kyk nie. Sy maak seker sy 'bedreig' hom nie deur ver weg te staan, regop te bly en nie oogkontak te maak nie.

'n Vrou is geneig om 'n demokratiese baas te wees. Sy stel belang in die menslike aspek van die werk en sal haar lyftaal gebruik om persoonlike verhoudings op te bou. Haar kantoormeubels is gerangskik om haar toeganklik te maak, daar is 'n stoel vir jou naby haar en 'n informele 'sosiale' gedeelte vir vergaderings. Haar lyftaal spreek gewoonlik van geselligheid, haar houding is positief en sy gee tekens van 'n verstandhouding. Sy sê liewer vir jou iets as om dit neer te skryf, en sal veel eerder by jou kantoor inloer as om jou na haar toe te ontbied. Sy vat maklik aan jou, hetsy ter ondersteuning of om jou geluk te wens met iets. Mans wat demokratiese leiers is, word soms verkeerdelik opgesom as oorvriendelik. As jou baas 'n man is, moet jy hom goed deurkyk: is hy demokraties of is hy eintlik 'te veel'?

Om met so 'n baas klaar te kom, is soos om op eiers te loop: wees versigtig! Pas aan by haar oopdeur-beleid, of dit jou aanstaan of nie, en beantwoord haar 'oopheid' met vriendelike nie-verbale tekens van jou eie – ontspanne bewegings, glimlagge, 'n vriendelike stemtoon. Maar moenie in die strik trap om te dink sy wil jou haar gelyke maak nie. Moenie haar doodpraat of in die rede val nie: wees vriendelik, maar effens besadigder as teenoor vriende; laat haar steeds die leiding neem.

Die laat-maar-loop baas los jou uit en laat jou die werk op jou manier doen. Mans is meer geneig om sulke base te wees as vrouens. Dié soort baas mag 'n introvert wees (sien bladsy 36) wat bevordering gekry het op grond van sy talent eerder as sy slag met mense. Hy mag dus versperrings oprig – om sy stimulasievlak laag te hou – maar hy is hoegenaamd nie statusbewus nie. Hy is gewoonlik eintlik heel

op *kantoor*

wegkyk of ingedagte lyk. Jy kan verwag om vir lang tye alleen te wees – wanneer hy terugkom, moet jou lyftaal vir hom wys jy is onafhanklik en selfversekerd en jy doen jou werk ordentlik.

LEES DIE TEKENS Nadat jy vasgestel het wat jou baas se algemene gedragspatrone is, is dit 'n goeie idee om meer spesifiek te ontleed wat sy of haar lyftaaltekens in sekere situasies beteken.

Die mees basiese ding wat jy wil weet, is waarskynlik of jou baas in 'n goeie bui is of nie. Dit is nie aanvaarbaar om emosies op kantoor te wys nie; hy of sy sal dus niks sê nie, maar dit sal wel op ander maniere aan die lig kom. Kyk vir tekens van stres en spanning – dit word gewoonlik onderdruk deur stywe skouers, saamgeperste lippe, 'n uitdrukkinglose gesig en swaar bewegings, of daar word uiting aan gegee deur 'n vinniger, skerp manier van praat, en 'n neiging om voorwerpe hardhandig te behandel.

LINKS: 'n Outokratiese baas maak direkte oogkontak en benadruk wat sy sê deur dit met haar hand en pen te beklemtoon. Haar werknemer bly staan om respek te betoon, maar maak seker dat sy nie bo die baas uittroon nie deur haar kop effens te laat sak, haar knie te buig en te glimlag. **ONDER:** 'n Demokratiese baas se benadering het 'n totaal ander impak as die outokratiese baas s'n. Dis te wyte aan sy ander lyftaal – hy kyk af en is informeel; hy laat sy werknemer langs hom sit, aan dieselfde kant van die lessenaar as hy.

vriendelik; hy vermy net oogkontak omdat hy nie betrokke wil raak nie. Hy bly op 'n afstand, dikwels in so 'n mate dat hy nie kantoor toe kom nie en met jou skakel deur boodskappe, of selfs nooit nagaan of jy jou werk reg doen nie.

Hier moet jou lyftaal beklemtoon dat jy selfstandig is. Behandel hom meer soos jou gelyke: pas by hom aan en kyk hom in die oë om hom te verseker dat jy die werk kan hanteer. Wys die nieverbale tekens van motivering (bladsye 98-99) sodat hy weet jy sal die werk kan klaarkry. Moenie baie interaksie verwag nie; hou julle samesprekings kort, sit skuins van hom af sodat jy nie inbreuk maak op sy ruimte nie, en onthou, hy sal by tye

op *kantoor*

Sy het haar kop gelig en effens regop gekom agter haar lessenaar, maar nie genoeg om vir jou te sê jy is welkom nie. Sy kyk nie direk na jou nie; haar oë is nie gefokus nie – sy dink aan iets anders. Dit kan dalk beter wees om eerder later terug te kom.

Sy is geïrriteerd. Haar gespanne rug en hande is tekens van haar negatiewe gevoelens en haar mond tuit om te wys sy is vererg. Haar direkte en uitdagende kyk nooi jou egter in en moedig interaksie aan. So is dit jy wat haar geïrriteer het, of iemand anders?

Leer ken ook die tekens wat sê of jou baas besig of 'beskikbaar' is. 'n Toe deur is 'n formele teken, maar selfs al is dit oop, gee die baas dalk nog subtiele 'Ek wil alleen wees'-tekens (sien bladsye 48-49) soos 'n arm of skouer wat keer dat jy by die deur inkom, opgetrekte skouers om geraas uit te sluit, 'n kop wat oor die lessenaar gebuig is. Die teenoorgestelde tekens – hy leun terug in sy stoel, kyk uit by die venster, staar in die niet in, of sit met sy voete op sy lessenaar – beteken nie noodwendig dis in orde as jy hom kom pla nie. Dit mag alles nieverbale tekens wees dat hy in 'aftyd' is (sien bladsy 47). In so 'n geval is jy eintlik baie minder welkom as wanneer hy blykbaar druk besig is om aantekeninge te maak, maar nogtans bewus is van wat buite sy kantoor gebeur en sy ore gespits hou om te hoor waaroor sy werknemers gesels.

Hierna moet jy leer watter lyftaaltekens jou baas gebruik wanneer hy iets met jou bespreek. Dit sal effens verskil van gewone geselstekens, want julle het albei werk om te doen; jou baas is in bevel en jy moet sy instruksies volg. Hy of sy sal die gesprek lei: 'n opsetlike pouse of kopbeweging beteken jy moet antwoord op 'n vraag, 'n kyk en geligte wenkbroue maak seker of jy iets wat gesê is, reg verstaan. 'n Sirkelvormige handbeweging kan beteken dis tyd om oor die volgende punt op die agenda te praat; oogkontak en 'n knik kan beteken 'n opdrag is afgehandel. Aan die einde van die gesprek, wanneer jou baas weer alleen wil wees, begin hy of sy papiere op die lessenaar bymekaar maak en op 'n hopie sit, skuif rond, of tik met albei hande op die arms om te sê: 'Staan op en loop.' Hier sal 'n mansbaas baie meer direk wees – hy kyk op sy horlosie of staan op om vir jou te wys julle het klaar gepraat.

Laastens is dit altyd nuttig om te weet wanneer jou baas ja of nee gaan sê vir iets, al weet jy dit net enkele sekondes voor die tyd. Hou sy of haar klein 'mikrobewegings' dop. As iemand 'n dokument of voorstel lees, wys 'n verandering in posisie vir jou wat die persoon se reaksie daarop is. As jy jou baas

op *kantoor*

fyn dophou, sal jy 'n mikroknik sien wat 'ja' beteken – of 'n knip van die oë wat net soos 'n kopknik beaam dat 'n persoon saamstem. Wees ook bedag op tekens soos 'n mikrokopskud of vingerbewegings wat nee sê. As jou baas iets nog oorweeg, mag hy of sy 'n 'onseker'-teken gee – soos die skouers wat op en af beweeg, 'n 'balanserende' handbeweging, of nadenkende lipbewegings.

Elke baas het sy eie persoonlike stel nie-verbale kodes. Jy moet dus nie net op die uitkyk wees vir bogenoemde lyftaalsekwensies nie – leer ken jou baas se individuele kodes en reageer positief daarop.

Haar glimlag verwelkom jou, haar kop wat skuins gedraai is, sê sy stel belang en is bereid om te luister. Sy mag besig wees, maar haar lyftaal sê sy is beskikbaar. Dis miskien vandag die dag om vir 'n verhoging te vra.

Taktiek vir vergaderings

Hoewel 'n sakevergadering op die oppervlak gesien oor besprekings gaan, is dit die onderliggende lyftaal wat dit maak of breek.

Kyk na waar die vergadering gehou gaan word. Wat is jou mikpunt? 'n Direksiekamer mag groot tafels en statussimbole hê wat die vergadering formeel en saaklik sal laat lyk, maar as jy dit hou in die meer sosiale omgewing van 'n rusbank en koffietafel sal dit goeie verhoudinge bevorder. As jy 'n vergadering in jou eie kantoor hou, plaas dit jou outomaties meer in beheer, terwyl 'n neutrale vergaderkamer dit makliker sal maak om 'n spangees te ontwikkel.

Kyk verder na hoe jy mense om 'n tafel plaas. Indien jy 'n gemoedelike atmosfeer wil skep, is dit beter om mense in 'n kring om 'n tafel te laat sit.

op *kantoor*

Kies 'n kleiner tafel sodat mense letterlik en figuurlik nader aan mekaar voel; sorg vir ekstra spasie as mense kreatief moet raak. As jy 'n mededingende atmosfeer wil bevorder, plaas mense aan teenoorgestelde kante van 'n tafel; as jy dit wil vermy, laat almal aan dieselfde kant sit. Plaas wie ook al die vergadering gaan lei, aan die koppenent of kort kant van die tafel. As jy egter iemand in toom wil hou, plaas hom alleen aan die lang kant van die tafel, met twee of meer mense oorkant hom.

Kyk ook na hoe jy mense welkom heet wanneer hulle opdaag. Elke manier van verwelkoming gee subtiele nie-verbale boodskappe. Party mense voel jy respekteer hulle en hulle is belangrik as jy hulle by die hysbak ontmoet en begelei na die vergaderkamer toe. As jy 'n vriendelike en jarelange kliënt toelaat om op sy eie in te kom, kan jy daardeur vir hom sê: 'Jy is een van ons.' As jy mense by ontvangs laat wag tot net voor die vergadering begin, wek jy die indruk dat jy haastig en belangrik is, maar as jy hulle voor die tyd nooi vir koffie, sê jy vir hulle hulle is gewaardeerde vriende.

Onthou wat ons gesê het oor suksesvolle groettegnieke (vanaf bladsy 20), en onthou jy is in 'n werksituasie – hou jou aanslag dus effens meer formeel. Wees egter ook aanpasbaar – selfs op kantoor verskil maniere van groet na aanleiding van: die maatskappy se tradisie, jou status teenoor dié van die persoon wat jy groet, hoe lank julle mekaar al ken, en hoe lank gelede julle mekaar laas gesien het. In sommige beroepe sal jy selfs 'n onsosiale kliënt verloor as jy hom of haar nie met oorgawe op die wange soen nie; in ander is sulke gedrag totaal ongehoord.

VERSTEEKTE AGENDA Hou mense wat opdaag vir 'n vergadering dop om te sien wat hulle werklike motiewe is, afgesien van die formele agenda. Die Amerikaanse sielkundige McLelland identifiseer drie soorte sakedoelwitte: 'affiliasie', 'n agenda vir samehorigheid en 'n goeie gesindheid in die groep; 'prestasie', 'n agenda om die taak af te handel; en 'mag', 'n agenda om in beheer te wees. Elkeen het sy eie spesifieke lyftaalpatroon.

'n Affilieerder – gewoonlik 'n gemoedelike man of 'n vrou – sal waarskynlik vroeg opdaag om die mense te groet en met hulle te gesels. Sy of hy sal met almal wil kontak maak en die vergadering maklik sodoende vertraag. Sy sit waar sy almal kan sien en maak seker hulle voel hulle is deel van die groep: haar lyftaal weerspieël dit – sy maak gereeld oogkontak, glimlag en gee ander 'n beurt om te praat. Sy wys tekens van spanning as daar konflik is; haar stemtoon en handgebare probeer mense kalmeer en met mekaar versoen. Sy ontspan sigbaar wanneer die situasie ontlont is en bly na die vergadering agter om nog met mense te gesels.

'n Presteerder neig om stiptelik op tyd aan te kom; hy of sy is die soort persoon wat nie 'n enkele minuut van die dag wil mors nie. As hy voor die tyd met enigeen gesels, is dit gewoonlik met iemand om wie die projek draai. Hy sal in die vergadering langs die persoon probeer sit, of anders langs iemand wat die projek nie goedgesind is nie en dus 'oortuig' moet word. Hierdie taakgeoriënteerde persoon kom 'gewapen' na die vergadering toe: hy het 'n notaboek en pen, en die nodige dokumente. Hy sal hom streng by die agenda hou en geduldig na mense luister solank wat hulle sê relevant is; as iemand afdwaal of in sirkels praat, raak hy geïrriteerd. Hy ontspan sodra die belangrikste besluite geneem is, en kan homself selfs vroeg verskoon om 'n ander vergadering te gaan bywoon.

'n Persoon wat mag op 'n vergadering wil hê, gewoonlik 'n man of 'n ambisieuse vrou, sal waarskynlik effens laat opdaag (dis 'n tipiese voorbeeld van magspeletjies) om 'n punt te maak of om een of ander mosie aanvaar te kry. Almal moet vir hom wag. As hy betyds opdaag om te meng met mense, sal hy 'n persoon kies wat self ook mag het, soos byvoorbeeld die voorsitter. Hy sal probeer om in 'n 'magsposisie' te sit – met ander woorde, aan die koppenent of kort kant van die tafel – of in die middel van die lang kant wanneer hy 'n groot klomp mense wil beïnvloed. Tydens die vergadering praat hy hard en vinnig om ander te probeer beïnvloed en om sy saak so duidelik moontlik te stel. Hy sal die gesprek onderbreek as sake nie na sy smaak

op *kantoor*

Susan en Gerhard (LINKS) daag op vir 'n vergadering met Isabel en Karel. Die eerste tekens is goed – vriendelike glimlagge en 'n formele handdruk. Maar Gerhard se houding wys sy spanning, en Isabel se hande agter die rug suggereer dat sy waarskynlik teruggetrokke of geïsoleerd voel.

verloop nie. Hy bly tot reg op die einde sodat daar niks in sy afwesigheid kan gebeur nie, maar sodra die voorsitter groet, vertrek hy ook.

Die meeste mense het een van hierdie basiese agendapatrone wanneer hulle 'n vergadering bywoon, alhoewel hulle agendas kan verander van die een vergadering tot die volgende. Mense kan ook probeer om die drie patrone te kombineer en 'n bietjie van elkeen te inkorporeer.

Wees dus maar altyd bedag op agendas – in jouself en die ander – want dit strook nie altyd met wat mense sê hulle met 'n vergadering wil bereik nie. Hoe vroeër jy sulke agendas kan agterkom, hoe beter. Sodra jy weet watter agendas mense het, kan jy dit almal saam gebruik om 'n groot sukses van die vergadering te maak: laat die 'samehoriges' voor die vergadering 'n goeie groepsgevoel skep, en laat dié wat net ingestel is op 'prestasie' en 'mag' se reaksies gedurende die vergadering vir jou 'n aanduiding wees van watter magspeletjies aan die gang is en of dinge besig is om na wense te ontwikkel.

op *kantoor*

Die spanning begin oplaai. Karel wag sy kans af. Isabel en Gerhard is gespanne, maar Isabel maak soos baie vrouens – sy steek haar vrese agter 'n vals glimlag weg. Gerhard se frons wys hy is baie bekommerd. Susan is die enigste een wie se gebare werklik oop en verwelkomend is – maar sy sal vinnig moet optree as sy die vergadering wil red.

Nou is daar openlike meningsverskil. Susan en Karel 'skerm' met hulle penne, 'n tipiese aggressiewe gebaar in die sakewêreld. Susan se skuinsgedraaide kop en effense glimlag wys sy is nog bereid om te luister. Maar sy gaan geen hulp van Gerhard kry nie. Hy laat sak sy kop en neem 'n beskermende houding in – hy het hom onttrek – en so ook Isabel.

DIE VOORSITTERSTOEL 'n Vergadering is 'n groepgesprek, so as jy dit self lei, het jy al jou gewone gesprekstegnieke nodig, maar met die bykomende uitdaging om die groep te 'stuur' tot 'n uiteindelike ooreenkoms.

Begin deur dadelik te wys jy is die leier. Lui jou liggaam se selfvertroue-'klokkie' (bladsy 98) as jy onseker voel, sit dan regop, lig jou kop, kyk rond, maak oogkontak met almal om die tafel en wag tot almal stil is en jy hulle aandag het voor jy die vergadering open. Behou deurentyd oogkontak met almal – ook die mense weerskante van jou – om sodoende te wys jy is nog in beheer van sake. Onthou, as jy in 'n oorwegend manlike omgewing is, kan emosionele 'oopheid' gesien word as 'n teken van onbekwaamheid. Probeer dus jou gesigsuitdrukking beheer en vermy openlike tekens van woede of bekommernis.

Een van jou hooftake sal wees om vir mense te wys wanneer hulle mag praat. Wees op die uitkyk vir tekens dat hulle iets wil sê – normale tekens van 'my beurt' sal tot jou as voorsitter gerig word, nie tot die een wat aan die woord is nie. Hou dus jou een oor oop vir die persoon wat praat, terwyl jy die ander oor oophou vir iemand wat vinnig inasem om te sê 'my beurt' of met jou probeer oogkontak maak. Wees ook bedag op nie-verbale tekens daarvan, soos 'n vinger wat gelig word of 'n waai met die pen. Maak seker iemand weet hy of sy mag praat deur 'n duidelike 'jou beurt'-gebaar in die persoon se rigting te maak. Dit sal ook vir die ander wys wie se kans dit nou is. Gee vir die een wat aan die woord is jou nie-verbale aandag; dit sal die ander aanspoor om dieselfde te doen.

Om mense stil te maak, is dikwels moeiliker as om hulle aan die praat te kry. Jy sal jou moontlik

op *kantoor*

moet wend tot die moeiliker metodes wat aanbeveel is vir gewone gesprekke (bladsy 30), en as dit nie werk nie, spreek die persoon op sy naam aan (almal reageer hierop, al is hulle hoe diep in gesprek), en frons om te wys daar is 'n probleem. As almal gelyktydig praat, kan jy ook 'n 'stilte'-teken gebruik – tik met jou pen op 'n glas of klop op die tafel met 'n voorsittershamer.

Gedurende die vergadering moet jy mense ook lei tot 'n punt waar hulle 'n ooreenkoms bereik, of jy moet konflik ontlont wanneer 'n ooreenkoms nog onmoontlik lyk. Bly dus bewus van hoe mense se lyftaal hulle emosies weerspieël. Iemand wat onbetrokke is, leun effens terug, strek sy bene vorentoe en stut sy kop met sy hand. Betrek hom weer deur vir hom 'n vraag te vra of te hoor wat sy mening is oor 'n saak.

Laat mense se lyftaal ook vir jou sê wanneer hulle gedurende die vergadering alliansies vorm of weg beweeg van mekaar. As iemand 'oorloop', sal sy gebare dit wys nog voor hy 'n woord sê van sy nuwe standpunt: sy lyftaal sal begin aanpas by die persoon saam met wie hy nou stem.

As hulle opstaan om te loop, gee hulle regop, gespanne houdings, geligte koppe en direkte oogkontak 'n vyandige boodskap. Maar Isabel onttrek haar, laat sak haar kop en slaan haar oë neer om te wys 'Ek is nie 'n bedreiging nie.'

113

op *kantoor*

Wat gebeur as daar moeilikheid kom? Wees op jou hoede vir tekens van 'verraad' (sien vanaf bladsy 78), want as een persoon eers begin jok, kom die ander dit dikwels onbewustelik agter en raak ontsteld of geïrriteerd. En of iemand jok of nie, as mense hulle stemme begin lig en kwaad lyk, moet jy versigtig wees, al sê mense oënskynlik die onskadelikste dinge. Dis in so 'n geval raadsaam om eerder self vir 'n rukkie te praat sodat gemoedere eers kan 'afkoel' en irritasie verdwyn.

Aan die einde van elke vergadering moet jy seker maak dat daar verbaal en nie-verbaal ooreengekom is oor besluite. Kyk om die beurt na elkeen en let op hulle tekens van instemming, oogkontak,

Met sulke 'dienslyftaal' gaan jy nie maklik kliënte kry nie. Die verkoopsdames se gebare en uitdrukkings is te geanimeerd; dit fokus net op hulleself en sluit die voornemende kliënt heeltemal uit. Hulle behoort eerder na die ingang gedraai te staan, vorentoe te kyk en minder betrokke by mekaar te wees sodat 'n voornemende kliënt kan voel dis in orde as sy hulle nader.

ongevoude arms en mikrokopknikke. As jy 'n negatiewe houding sien, moet jy die punt op die agenda weer oopstel vir bespreking. As jy dit nie doen nie, sal mense – ongeag van wat hulle op daardie oomblik sê – dit wat bespreek is 'verkeerd onthou' en dit waaroor besluit is 'verkeerd verstaan'.

op *kantoor*

Jy en die kliënt

Wanneer jy met die publiek werk, in 'n winkel- of sake-omgewing, moet jy 'n totaal ander soort lyftaal gebruik as wat jy gewoonlik sou doen. Jou lyftaal moet te alle tye jou verhouding tot jou kliënt weerspieël.

Die nie-verbale boodskap in enige dienssituasie behoort te wees: 'Ek is hier om te help' – jou lyftaal moet dus wakker en gemotiveerd wees (sien bladsye 98-99). Die boodskap is egter nie 'Ek is jou vriend(in) nie'; normale sosiale tekens moet dus dikwels versag word: jy glimlag, maar nie te breed nie; jy kom nader, maar nie te naby nie; jy maak oogkontak, maar nie op 'n uitdagende manier nie.

Afgesien van die feit dat jy hulpvaardig is, moet jy ook in beheer wees. Jy verteenwoordig die maatskappy vir wie jy werk: jou lyftaal is dus beleef en sê jy kan jouself laat geld; jou houding spreek van selfvertroue, jou bewegings is doelgerig, jou oogkontak direk. Jy is net vir 'n kort tydjie in kontak met die kliënt, dus moet jy hulle touwys maak met gebare wat duidelik en effens groter as gewoonlik is sodat hulle vinnig en maklik snap wat om te doen – of dit nou iets amptelik is soos waar om hulle kredietkaart te teken of iets privaats soos waar die kleedkamers is.

WATTER SOORT KLIËNT? Bo en behalwe die algemene lyftaal, moet jy elke persoon effens anders benader en behandel – afhangende van watter soort kliënt hy of sy is.

Die neutrale kliënt wil gewoonlik glad nie op 'n persoonlike vlak met jou omgaan nie – sy is skaars bewus van jou as mens. Sy kan bo-oor of deur jou kyk terwyl sy praat en gee vir jou bitter min gesigsuitdrukking en geen rapport-tekens nie. Jy moet op jou beurt respek hê vir die feit dat sy nie behoefte het aan 'n 'verhouding' met jou nie. Slaan 'n neutrale toon aan, moenie vir lank oogkontak maak nie en vergeet van geselsies. Beëindig die kontak so gou moontlik en sy sal gelukkig wees.

Die vriendelike kliënt wil weer presies die teenoorgestelde hê. Sy sal miskien nie 'n geselsie aanknoop nie, maar sy wil voel sy gaan met jou as medemens om. Sy gee gewoonlik vir jou dieselfde rapport-tekens as wanneer sy met 'n goeie kennis praat. Haar stem is vriendelik, sy glimlag en maak 'oop' gebare. Reageer positief daarop, maar hou jou gebare effens kleiner: die kliënt lei, en jy moet volg.

'n Kliënt wat 'n 'volger' is, sal wil hê jy moet die leiding neem. Hierdie soort mense is maklik herkenbaar in situasies waar hulle onseker is oor die prosedures wat gevolg moet word, soos byvoorbeeld op lughawens. Sy sal amper wegduik wanneer sy na jou toe kom, haar kop hang effens en sy kyk af om te wys: 'Sê vir my wat om te doen.' Sy lyk moontlik skamerig, lag senuweeagtig of maak

---

Die kliënt raak geïrriteerd, miskien omdat sy uitgeslote en geïgnoreer voel. Anita, die verkoopsdame in die middel, se oë, mond en die posisie van haar hande wys haar onsekerheid – wat die kliënt kan laat dink dat sy die reg het om nog kwater te word. Ina, links, se uitdrukking is vriendelik, maar nie opdringerig nie. Haar kalmerende handgebare laat die kliënt voel sy het begrip vir haar irritasie.

op *kantoor*

op *kantoor*

versigtige gebare; sy probeer haarself 'klein' maak sodat niemand moet sien as sy iets verkeerds doen nie. In reaksie hierop moet jy kalm en in beheer lyk. Help haar met aanwysings wat nog uitdrukliker is as gewoonlik en praat stadig en duidelik.

Ander kliënte wil weer voel hulle is in beheer omdat hulle lugtig is vir jou, of bang daar is fout met die diens wat jy lewer. Die dominerende soort sal jou dadelik 'doodkyk' terwyl sy nader kom; sy frons en haar stem is hard en streng. Sy probeer dikwels inbreuk maak op jou ruimte om haar 'leierskap' aan jou op te dring. Sy leun oor die toonbank, sit haar handsak of jas daarop neer, of gryp jou aan die arm. 'n Variasie op dié soort is die openlik aggressiewe kliënt – sy is gewoonlik woedend omdat sy 'n spesifieke klagte het en kan maklik aan haar kwaai lyftaal uitgeken word. Dis 'n groot versoeking om slegte gedrag met slegte gedrag te beantwoord, maar vermy dit. Glimlag eerder en – al is dit hoe moeilik – laat sak jou skouers en kop effens terwyl jy praat. Studies oor konfliksituasies toon dat jy die spanning 90% van die tyd kan verminder deur effens vorentoe te buig, al doen jy dit toevallig. As jy vir 'n kliënt sulke tekens gee, sê jy vir haar sy is reg, of sy nou is of nie, en dit behoort haar te laat bedaar, wat jou taak baie makliker maak.

KOM TOT 'N OOREENKOMS Daar is al baie boeke geskryf oor hoe lyftaal selfs die onwilligste kliënt kan oortuig om te koop – maar mense voel tog aan wanneer hulle gemanipuleer word. 'n Werklike poging om van diens te wees, werk baie beter.

Die eerste stap is dus om jou kliënt met eerlike oorgawe te groet. In 'n winkelsituasie vang jy haar oog en glimlag terwyl sy inkom, maar los haar uit as sy dit duidelik maak dat sy 'n 'kyk net, vat nie'-winkelkyker is. As jy jou kliënt oor die telefoon kontak en dus net met klank kan werk, staan op

Wanneer rapport met die kliënt bewerkstellig is, maak jy direkte oogkontak om haar te betrek by die interaksie deur na haar toe te draai. Draai jou kop skuins soos hare om te wys jy verstaan haar behoeftes en wil haar graag help.

en glimlag aan die begin van die oproep – dit sal jou stem outomaties meer entoesiasties laat klink.

Moenie oorhaastig wees nie: bou 'n verstandhouding op. Gebruik die wenke op bladsy 24 as jy persoonlik met 'n kliënt omgaan. As dit 'n foongesprek is, gee jouself tyd om agter te kom wat die kliënt se stemtoon en -ritme is. Pas dan aan by die verbale leidrade, net soos wat jy sou aanpas by gebare, sodat julle albei op julle gemak voel in mekaar se geselskap.

Nou kom jy uit by die betrokke produk, of dit nou 'n voorwerp is of 'n konsep soos 'n nuwe sakeplan. Die belangrikste is om te bepaal presies wat die kliënt moet weet. As die kliënt 'n kyk- of vatmens is (sien bladsy 35) gee jy vir haar die produk of promosiemateriaal om dit self te sien en te hanteer. As sy 'n luistermens is, gee jy die inligting in woorde – praat vlot en met selfvertroue; as jy huiwer, dink sy jy praat nie die volle waarheid nie of is nie bekwaam nie.

Wys vir haar die produk en staan dan terug. Mense dink jy verkoop iets net deur aanhoudend daaroor te praat, maar onthou, die meeste kliënte het 'aftyd' nodig (sien vanaf bladsy 47) sodat hulle kan dink wat om te doen. Retireer letterlik en figuurlik en bly stil. As die persoon voor jou staan, wag vir 'n teken dat sy weer met jou wil gesels – sy sal opkyk na jou toe of keel skoonmaak voor sy begin praat. Oor die foon kan jy haar vriendelik uitnooi om 'aftyd' te neem deur te sê: 'Wil u nie vir 'n oomblik daaroor dink nie?'

Maak seker dat jy uitvind wat werklik benodig word om 'n transaksie te kan beklink. Soek die kliënt inligting, gerusstelling, dieselfde produk in 'n ander kleur, of 'n noodplan vir ingeval dinge nie reg uitwerk nie? Hier is nie-verbale kommunikasie nie genoeg nie: jy het woorde nodig om dié inligting te kry, ten einde daarop te reageer.

Lyftaal help egter wel om agter te kom wat 'n kliënt dink en voel terwyl sy haar opsies teen mekaar opweeg. Jy kan tekens van ontevredenheid sien – 'n frons, 'n huiwering in haar stem, 'n effense benoudheid in die keel. Vind uit wat die probleem is. 'n Kliënt wat huiwerig is, asem vinnig in om iets

op *kantoor*

op *kantoor*

te sê, maak haar mond oop, sug en sê dan niks nie. Probeer om uit te vind wat weerhou haar daarvan om jou produk te koop.

As haar finale antwoord 'n definitiewe nee is, sal jy dit kan agterkom aan haar besliste kopskud of streng stemtoon. Steek jou gevoelens weg: 'n vriendelike reaksie wat nie jou teleurstelling wys nie, gee die nie-verbale boodskap dat jy haar besluit respekteer, en sy sal meer geneë wees om jou by 'n volgende geleentheid weer te nader.

As die antwoord egter ja is, kan jy jou blydskap openlik wys met 'n vriendelike glimlag, 'n knik en 'n hoër, opgewonde stemtoon: onthou jou doelwit is weer eens om vir haar te sê: 'Jy het reg besluit.' Die kliënt voel dan goed oor haarself en positief teenoor jou: sy sal heel moontlik in die toekoms weer met jou wil sake doen.

Sukses met onderhoude

Die eerste stap voor 'n onderhoud is gewoonlik om soveel moontlik uit te vind oor die werkgewer deur wie jy in diens geneem wil word. Maar moenie jou inligting net kry uit wat hulle sê in amptelike brosjures of oor die foon nie. Gaan een stappie verder: kyk na hulle nie-verbale kommunikasie en interpreteer dit ook.

Begin deur te kyk na hulle advertensie en aansoekvorms – nie die woorde nie, maar wat die lyftaalaspekte daarvan sê. Word die firma se aansoekvorms op glanspapier gedruk? Dit kan beteken hulle vaar goed, of anders dat hulle (juis omdat hulle dit nie het nie) 'n beeld van status en welvaart voorhou. Beteken hulle swak gefotostateerde aansoekvorms hulle skenk nie aandag aan voorkoms nie, of is die pos wat hulle adverteer net nie vir hulle belangrik nie? Hoeveel foto's is daar in die brosjure van die voorsitter, en hoeveel van die

---

Susan het reeds met die intrapslag 'n agterstand: haar baie formele besigheidspakkie is effens uit pas met die maatskappy se meer ontspanne ingesteldheid. Sy kan hiervoor vergoed deur 'n meer energieke houding, direkte oogkontak en 'n glimlag wat aansluit by Nina se uitdrukking van verwelkoming.

Nina se simpatieke houding en skuinsgedraaide kop is aanmoedigend, maar Susan kom nogtans nie die mas op nie. Sy sit inmekaar getrek op haar stoel, haar oë is afgeslaan en sy lyk dikmond – moontlik omdat sy senuweeagtig is. Die boodskap wat sy gee, is dat sy nie belangstel in die werk nie.

---

werkspan – of hoeveel van mans eerder as vrouens, of van die produk eerder as mense, of van die maatskappy se hoofkwartier eerder as die produk? Wat sê al hierdie tekens dus vir jou van hulle benadering tot besigheid?

As dit moontlik is, gaan kyk voor die onderhoud hoe die firma se gebou van buite af lyk; probeer selfs inglip om die binnekant te sien. Kyk die personeel deur wanneer hulle oor middagete uitgaan. Vergelyk alles wat jy sien met die afdelings hierbo wat handel oor wat 'n firma se omgewing en voorkoms vir jou sê.

Gebruik al die inligting wat jy gekry het om jou te help met jou voorbereiding vir die onderhoud – nie net wat jy gaan sê nie, maar ook jou lyftaal. Baie mense trek byvoorbeeld sonder om twee keer te dink 'n besigheidspakkie aan vir onderhoude – wat in orde is as dit 'n 'pakfirma' is. Maar as dit 'n firma is wat pakke vervelig vind, sal jy beter vaar as jy iets meer kreatiefs aantrek. Jy moet nog steeds deftiger lyk as wat jy gewoonlik op kantoor sal wees – die

op *kantoor*

Susan gee nie meer negatiewe lyftaaltekens nie. Sy maak nie net 'n beter indruk nie; sy gee Nina ook kans om meer ontspanne en dus meer ontvanklik te wees. Nina se reaksie is om te glimlag en haar skuinsgedraaide kop wys sy is nou meer beïndruk met Susan.

boodskap is dat die onderhoud vir jou belangrik is. As jy hulle tekens reg gelees het, kan jy sorg dat jou klere, grimering en haarstyl perfek inpas by die firma se algemene beeld.

Dis ook belangrik om deur jou algemene lyftaal te wys jy pas in by die firma. As hulle formeel en hiërargies ingestel is, pas jou houding en uitdrukking daarby aan. As hulle informeel en vriendelik is, maak jou lyftaal meer gemaklik, maar nooit te ontspanne nie, want jy moet jou beste voetjie voorsit. Wys die hele tyd vir almal wat jy ontmoet: 'Ek sal inpas by die firma.'

LYFTAAL BY ONDERHOUDE Lees voor die onderhoud die dele in hierdie boek wat handel oor die soorte lyftaalsekwensies wat wys jy is ontspanne, selfversekerd en gemotiveerd (bladsye 97-100). Dit kan jou help om voor die tyd kalm te voel, sodat jy gedurende die onderhoud wakker reageer en vol selfvertroue kan wees.

Moenie jou van stryk laat bring deur hoe die vertrek waarin die onderhoud plaasvind, lyk nie. Soms laat mense kandidate opsetlik in 'n effens laer stoel sit, of hulle skep 'n formele versperring met 'n lessenaar wat nie-verbaal jou 'ondergeskikte' status beklemtoon. Ignoreer dit: al die kandidate gaan so behandel word. Sit regop in jou stoel. As jy jou bene kruis of jou lyf skuins draai, kan jy onseker lyk.

Dit is belangrik om te ontspan. Hou dus van die begin af jou hande op jou skoot – anders is jy geneig om te vroetel, wat 'n standaardteken van senueeagtigheid is. Moet egter nie dink jy mag geen gebare gebruik nie: dit sal jou spraak minder vloeiend maak en jy sal sukkel om jou ordentlik uit te druk. As jy senuweeagtig is, wag 'n oomblik voor jy antwoord – dit gee jou tyd om te dink en laat dit vir die persoon wat die onderhoud met jou voer, lyk asof jy ernstig nadink oor die vraag.

As jy iets nie verstaan nie, of as jy vrae vra, in plaas van die persoon wat die onderhoud voer, neem die nie-dreigende 'vra'-houding in – kop na die een kant toe, ligte frons, effense glimlag. Dit wys nie net jy wil meer weet nie, maar verseker haar dat jou behoefte om te weet nie te wyte is aan haar onvermoë om haarself uit te druk nie.

Eienaardig genoeg is die laaste sleutel tot sukses om vir die onderhoudvoerder te wys jy keur hom of haar goed. Ons is geneig om te dink sulke mense is in so 'n posisie dat hulle nie goedkeuring nodig het nie. Maar navorsing toon daar is drie

op *kantoor*

HET JY DIT GEKRY? Aan die einde van 'n onderhoud kry jy 'n formele 'tot siens'; dit sal dus nie help om daarvan te probeer aflei hoe goed jou kanse op sukses is nie. Om regtig te weet hoe goed jy vaar, moet jy jou oë gedurende die onderhoud oophou.

Soek die onderhoudvoerder gedurig na vrae om vir jou te vra – kyk hy gereeld met 'n effense frons op of links van jou? Leun hy terug in sy stoel terwyl hy hom letterlik onttrek aan die gesprek? Reageer hy op jou vrae met 'n ligte kopskud? Word sy gesigsuitdrukkings algaande minder omdat hy sy gevoelens oor jou probeer wegsteek? Of wys hy, om presies dieselfde redes, te veel aanvaarding en oormatige kopknikke om te probeer vergoed vir die feit dat hy jou nie geskik vind vir die pos nie?

Het sy die werk gekry? Heel waarskynlik nie. Nina se glimlag is strak en kom nie tot by haar oë nie, sy draai weg van Susan af en retireer effens wanneer hulle handskud.

lyftaaltekens wat konsekwent tot 'n suksesvolle onderhoud lei: 'n glimlag, kopknik en volgehoue vriendelike oogkontak – dit is almal tekens van aanvaarding of goedkeuring. Nie een van hierdie lyftaalelemente het natuurlik enigiets te doen met 'n kandidaat se werklike vermoë om die vakante pos te vul nie: dit is slegs nie-verbale tekens om vir die onderhoudvoerder te sê jy voel positief teenoor hom of haar. Probeer dit. As jy hoegenaamd geen indruk maak nie, sal die tekens jou nêrens bring nie, maar as jy die onderhoudvoerder halfpad oortuig het, kan die tekens die deurslag gee.

op *kantoor*

op *kantoor*

As jy die negatiewe tekens voor die einde van die onderhoud merk, kan jy optree, maar dit verg moed. Verander jou lyftaal sover moontlik. Praat meer of minder. Glimlag meer of minder. Gebruik jou hande meer – of minder. Jy mag dink sulke lyftaaltegnieke gaan jou onderhoud net nog verder verongeluk, maar as jy seker is jy het reeds misluk, kan jy niks verloor deur te eksperimenteer nie.

Aan die ander kant sal jy weet jy maak 'n goeie indruk as die onderhoudvoerder belangstel in wat jy sê deur vorentoe te leun met 'n 'oop' liggaamshouding. As jou onderhoud langer as die ander kandidate s'n duur, kan dit ook 'n positiewe teken wees – maar moenie 'n baie korter een noodwendig as negatief beskou as jy nogtans opregte tekens van aanvaarding gekry het nie. 'n Skerp woordewisseling is 'n goeie teken as dit gepaard gaan met entoesiastiese gebare en 'n opgewonde gesigsuitdrukking. Wees veral op die uitkyk vir wedersydse tekens van aanvaarding – gelyktydige glimlagge, oogkontak en kopknikke.

Hierdie tekens waarborg egter nog nie sukses nie. Daar kan ander kandidate wees wie se formele kwalifikasies beter is as joune. Maar as jy nie die aanstelling kry nie, kan jy jou ten minste troos aan die feit dat die onderhoudvoerder jou onbewustelik as goed genoeg beskou het, selfs al laat die eindresultaat dit nie so lyk nie.

Jy as spanleier

Jy het 'n nuwe werk met hoër status. Namate die tyd verbygaan en jy aan jou nuwe verantwoordelikhede gewoond raak, begin jy die lyftaal van 'n leier praat – jy gee tekens dat jy tot die topbestuur behoort (sien bladsy 101), maar hulle is net effens groter en meer gestileerd.

Jou houding word effens regopper, wat jou van nature langer en breër laat lyk. Ape gebruik hierdie tekens van dominansie – die grootste en sterkste dier is gewoonlik die trop se leier. Jy kan rondloop met 'n uitdrukking bekend as 'n 'plusgesig' – jou kop is gelig, jy maak direkte oogkontak en kyk mense ernstig aan. Jy is meer geneig om gesprekke aan te knoop, jy sê jou sê, vat aan mense wat onder jou werk en glimlag vriendelik vir seniors.

Party boeke gee voor dis moontlik, maar jy kan nie 'n leier word deur net eenvoudig hierdie lyftaaltegnieke toe te pas nie. 'n Nuwe lyftaal kan tydelik vrugte afwerp, maar dit misluk as dit nie gepaard gaan met 'n werklike verandering in houding nie. As jy byvoorbeeld binne dieselfde maatskappy bevorder word en ewe skielik 'n nuwe lyftaal begin praat, sal die mense wat jou ken en die nuwe lyftaal met die oue vergelyk, agterdogtig en skepties wees daaroor.

Wat jy wel kan doen, is om te sorg dat jou lyftaal nie die leierseienskappe wat jy ontwikkel, ondermyn nie – moenie aanhou optree soos 'n 'volger' nie. Vergelyk jou lyftaal gereeld met bogenoemde tekens. As jy 'n paar maande na jou bevordering nog steeds sukkel om sonder aarseling te praat of om iets eerste en met selfvertroue te doen, is dit tekens dat jy nog nie voldoende by jou nuwe rol aangepas het nie.

Net 'n woordjie van waarskuwing aan dames. Vrouens ontwikkel gewoonlik positiewe sosiale vaardighede om oor die weg te kom in die daaglikse lewe. Hulle knik en glimlag veral baie. Indien jy dit egter te veel doen, kan dit lyk na onderdanigheid of paaiery en dus jou gesag ondermyn, veral as daar mans in die span is. Wanneer jy dus as vrou die eerste keer 'n leiersposisie beklee, is dit raadsaam om minder van hierdie tekens te gebruik, net by geleentheid te glimlag en slegs te knik as iets werklik jou goedkeuring wegdra. Dit mag koelbloedig klink, maar dit kan beteken dat jy ernstiger opgeneem word.

Het sy die werk gekry? Heel waarskynlik: Nina se glimlag is opreg, haar oë glimlag saam, sy draai direk na Susan toe, en leun effens vorentoe terwyl hulle handskud asof sy wil voortgaan met die gesprek. Susan het definitief 'n goeie kans om die aanstelling te kry.

MOTIVEER JOU TROEPE Een van die grootste vaardighede wat leierskap verg, is om jou span te kan aanmoedig om goeie werk te doen en om afskeepwerk te ontmoedig. Jy moet leer wanneer om vir

op *kantoor*

hulle te sê hulle werk goed of sleg, en jy moet sulke boodskappe met jou lyftaal bevestig. Opnames het getoon mense raak kwaad en verward as positiewe woorde gepaard gaan met negatiewe nie-verbale kommunikasie. Negatiewe woorde saam met positiewe nie-verbale kommunikasie laat mense weer dink jy is swak en maklik om te manipuleer.

Lof of aanmoediging moet dus gepaard gaan met opregte tekens van goedkeuring: 'n glimlag, 'n knik, 'n entoesiastiese stemtoon. As jy en jou spanlid van nature vatmense is, vat by geleentheid aan sy of haar skouer of rug, anonieme liggaamsdele wat nie twyfelagtige seksuele konnotasies het nie. Aanraking bereik die senustelsel vinniger en beter as sig of klank: jou lof sal dus meer betekenis hê en die persoon des te meer motiveer.

Wanneer jy 'n personeellid moet betig, is werklike kwaai lyftaal byna nooit 'n goeie idee nie. Dit kan lei tot 'n skerp woordewisseling en 'n langdurige gevoel van vyandigheid, wat teenproduktief is. En as jy werklik kwaad is, maak jou gespanne liggaam dit vir jou onmoontlik om duidelik en effektief te kommunikeer. Wanneer jy daardie onkeerbare gevoel van woede in jou voel opstoot, is dit oor die algemeen raadsaam om eers vir 'n oomblik weg te draai, stadig en egalig in en uit te asem, en te wag tot jou liggaam bedaar het. Hierna sal 'n uitdrukkinglose gesig duidelik die boodskap oordra dat jy ontevrede is. 'n Lae stem wat slegs die belangrikste woorde beklemtoon, sal verder hiertoe bydra.

Soms kan 'n kort, skerp uitbarsting van irritasie egter wondere verrig – veral as jy gewoonlik 'n gelykmatige en ondersteunende soort leier is. Lig jou stem effens, praat harder, frons en maak jou gebare vinniger en skerper om vir 'n weerbarstige werknemer te wys wat daar op hom wag as hy nie vinnig begin saamwerk nie.

Hulle beplan 'n projek: hulle houdings is staties en hulle luister aandagtig. Hulle is onseker oor wat gaan gebeur, daarom sit hulle 'n entjie van mekaar af en hou hulle arms in beskermende posisies. Hulle skuinsgedraaide koppe wys egter hulle stel belang en is gemotiveerd.

op *kantoor*

op *kantoor*

Skielik is hier meer energie: daar kom beweging, wat wys die groep begin optree en reageer. Hulle beweeg nader aan mekaar, en pas aan by mekaar se houdings. Hulle sal nou makliker glimlag of lag, of geïrriteerd lyk en hulle stemme lig. Hulle papiere word nie meer in netjiese hopies gehou nie en handskrifte word groter en moeiliker leesbaar.

Terwyl hulle die projek bespreek, word die groep se lyftaal meer energiek en daar is 'n gevoel van samehorigheid. Die hele groep pas by mekaar aan, dink saam en konsentreer op dieselfde ding. Wanneer hulle planne gefinaliseer is, is daar gewoonlik 'n spontane applous of gelag: die groep vier wat hulle bereik het en ontlaai die spanning wat opgebou het.

Projeklyftaal

Enige projek, hoe lank of kort ook al – van 'n tweejaar-fondsinsameling tot 'n Maandagoggendvergadering – gaan deur verskillende fases wat elkeen herkenbaar is aan sy eie kenmerkende lyftaal. As jy bewus is van hierdie tekens, kan jy bepaal hoe 'n projek vorder en of jy nie-verbaal moet tussenbeide tree.

Die eerste fase is voorbereidend. Dis nie net 'n geval van planne maak en voorbereidings tref nie: jy moet ook 'n goeie groepsgevoel skep en seker maak almal is gelukkig en gemotiveerd. Die groep kan aanvanklik stadig vorder terwyl hulle 'in rat kom' vir die taak: daar word baie koffie gedrink, gesit, gedink en gesels. Selfs met 'n groep wat mekaar al jare lank ken, sal die manier waarop hulle lyftaaltekens al meer by mekaar aanpas dit duidelik maak dat hulle rapport ontwikkel ter voorbereiding vir die nuwe projek wat hulle moet aanpak.

Jy as leier moet rondbeweeg en stilweg met mense kommunikeer. Gebruik jou nie-verbale vaardighede om te sorg dat hulle kontak maak met mekaar. Moedig identifikasie met die groep aan deur hulle saam aan iets te laat deelneem. Met formele sakegroepe is dit nie moontlik nie, maar met sportspanne of toneelgeselskappe kan jy dat lede saam sing, dans, oefeninge doen of op 'n uitstappie gaan. Jy sal weet dinge werk as jy sien mense se lyftaaltekens begin by mekaar aanpas. As dit nog nie gebeur nie, gee die proses nog langer kans, moedig die groep aan om te gesels en meer betrokke te raak by aktiwiteite. Moenie mense 'druk' nie. Dit help nie om hulle aan te jaag of om die fase te probeer kortknip nie. Mense het tyd nodig om by mekaar aan te pas.

Die volgende fase is om oor te gaan tot aksie. Die groeplede voel nou meer energiek en lewendig. Hulle bewegings word vinniger, wat hulle nog meer energiek maak. Hulle stemme lig en word harder, hulle praat vinniger en jy hoor selfs stemme wat geïrriteerd of kwaad klink, maar die werk sal gedoen word.

Hou die situasie energiek. Lig jou stem en die ander sal jou voorbeeld volg; maak jou gebare meer

op *kantoor*

energiek en hulle sal ook. Moedig hulle aan of gee instruksies met 'n streng, helder stem. Moenie dat verskille jou ontstel nie – dit is deel van die natuurlike proses. Sorg die hele tyd dat mense energiek bly; as hulle pas verslap, moet jy hulle weer aanspoor en motiveer. Maar as sake glad verloop, bly jy op 'n afstand en meng nie in nie.

Daar sal 'n stadium kom dat julle jul doelwit bereik het – julle fondsinsameling het die beoogde bedrag ge-in of julle het die laaste punt op die vergadering se agenda afgehandel. Nou moet die span 'afwen' en van hulle energie ontslae raak, al is dit net vir 'n kort tydjie. Hier vier hulle wat hulle gedoen het, begin opruim, en dink na oor wat gebeur het. Mense is aanvanklik opgewonde en wil nou ontspan – hulle stemme is ligter en hulle bewegings word vryer. Hierna word hulle stil en ingedagte; hulle sit op hulle eie en dink of gesels in groepies. Na 'n kort projek word daar vlugtig 'n laaste paar notas gemaak en nog 'n koppie koffie gedrink, maar aan die einde van 'n lang projek is daar die onvermydelike partytjie om julle sukses te vier en dan nog weke se liasseerwerk! Dis belangrik om mense kans te gee om te vier, al is dit net 'n vinnige middagete saam. Wens jou span geluk en gee hulle dan tyd om af te wen. Wys nie-verbaal vir hulle jy is gelukkig en tevrede en hulle verdien dit om nou te ontspan. Slegs hierna kan jy weer geleidelik begin om hulle voor te berei en aan te moedig om die volgende projek aan te pak.

Hulle ontspan en begin in pare gesels. Daar is individuele oogkontak en glimlagge. Mense leun terug, laat sak hulle skouers, en hulle gebare word informeel. Hulle lyftaal toon tekens van ontspanning – maar ook dat hulle binnekort gaan opstaan en loop.

127

5

Alle lyftaaltekens is fassinerend, maar dis nuttig om spesifieke tekens te kan uitken. Dié hoofstuk kyk na die belangrikste liggaamsdele, die tekens wat hulle gee en die verskillende interpretasies wat daaraan geheg kan word.

lees die tekens

'n foto-woordeboek van lyftaal

Mense het eers geglo 'n spesifieke lyftaalteken het net een spesifieke betekenis, maar onlangse navorsing toon dat 'n nie-verbale teken verskeie dinge kan beteken, afhangende van die konteks waarin dit gebruik word. Let dus eerstens op na 'n persoon se hele lyftaal – voorkoms, houding, gebare, uitdrukkings, oogbewegings, neigings tot aanraking en fisiese funksies. Hierna kyk jy na sy agtergrond, kultuur en opvoeding om te sien of dit sy optrede noemenswaardig sal beïnvloed. Wys sy lyftaal enige 'verpersoonliking' – tekens dat die persoon algemene tekens geneem en dit by sy eie persoonlikheid aangepas het? Laastens moet jy natuurlik ag slaan op die situasie waarin 'n spesifieke lyftaalteken gebruik word: met ander woorde wat is die konteks? Hoe reageer ander daarop en wat gebeur daarvoor en daarna?

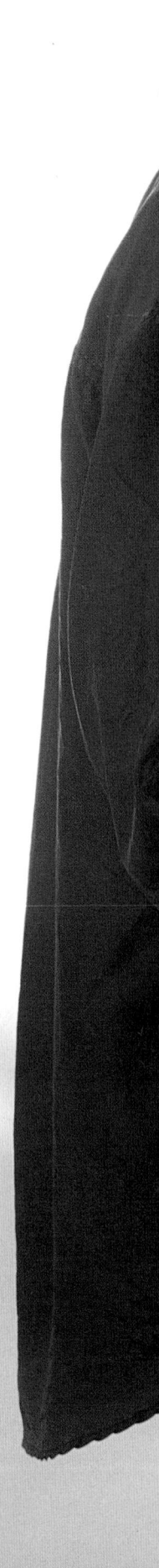

lees *die tekens*

Vergrote borskas

Asemhaling voorsien die mens nie net van suurstof nie; dit weerspieël ook sy emosionele toestand. As iemand dus senuweeagtig, kwaad of natuurlik seksueel geprikkel is, haal hy vinniger asem om hom voor te berei op moontlike aksie. Iemand wat rustig en tevrede is, haal outomaties stadig en diep asem.

'n Hartseer persoon haal dikwels moeilik en bewerig asem, asof die liggaam daardeur wil wys hy het min energie en daar moet vir hom gesorg word.

As jy fyn kyk, kan iemand se liggaam ook vir jou wys wat hy of sy dink. So byvoorbeeld sal iemand wat aan 'n prentjie dink effens vinniger as normaalweg asemhaal, en ook hoër op in die borskas; 'n persoon wat aan 'n gevoel dink, haal weer dikwels dieper as gewoonlik asem.

Die aksie van in- of uitasem is op sigself ook 'n lyftaalteken. As iemand vinnig haar asem intrek, het sy waarskynlik geskrik vir iets, maar in 'n groepsituasie beteken 'n hoorbare inasem gewoonlik dat sy iets wil sê. 'n Diep, ontspanne uitasem gaan tradisioneel gepaard met 'n besef of insig; iemand wat besig is om ernstig oor iets na te dink, sal gewoonlik wys hy het tot 'n besluit gekom deur lank uit te asem.

Gespanne skouers

Dis maklik om 'n persoon met gespanne skouers raak te sien: sy skouers is effens gelig en hy trek sy kop in sy skouers in. Hierdie teken is 'n subtieler weergawe van die wegduikbeweging wat mense maak as hulle skrik vir iets, of koes vir 'n hou of harde woorde en hulle skouers optrek tot by hulle ore asof hulle nie wil hoor wat gesê word nie.

Skouerspanning kan 'n teken van baie dinge wees. As dit gepaard gaan met wydgerekte en verskrikte oë wys dit vir jou die persoon is angstig oor iets wat hier en nou kan gebeur; hy is intens betrokke by die situasie wat voor hom afspeel – dit is vir hom 'n onmiddellike probleem.

Maar as iemand 'n wasige kyk in haar oë het, is sy waarskynlik bekommerd oor iets meer algemeens in haar lewe, en nie oor iets wat hier en nou gebeur

lees *die tekens*

Ongelyke skouers en bolyf

Mense se skouers is gewoonlik altyd horisontaal 'gebalanseer'. As dit nie die geval is nie en iemand se skouers is merkbaar ongelyk, is dit 'n lyftaalteken van een of ander wanbalans in dit waaraan die betrokke persoon dink. Die teken se oorsprong is die een wat mense gebruik om te wys hulle probeer oor iets besluit: hulle hande en arms maak gebare asof hulle die verskillende opsies letterlik teen mekaar opweeg.

Ongelyke skouers is 'n subtiele weergawe van hierdie 'opweeggebare'. 'n Persoon se skouers beweeg op en af, eers die een en dan die ander, of iemand kry 'n krieweling asof hy iets wat op sy rug sit, wil afskud. Sy kop sal moontlik terselfdertyd 'in pas' hiermee skuins draai. Iemand kan die bewegings maak terwyl hy praat oor watter opsies vir hom die aanvaarbaarste is, of hy kan dit minder opsigtelik doen as 'n reaksie op die moontlikhede wat iemand anders voorstel. As die opsies regtig onduidelik is en hy kan nie besluit nie, neem hy uiteindelik 'n houding in met net die een skouer wat gelig is – sy hand sal sy skuinsgedraaide kop waarskynlik 'ter ondersteuning' stut – terwyl hy sukkel om te besluit wat hom te doen staan.

nie. Die wasige kyk is 'n teken dat sy dink oor die probleem, terwyl die gespanne skouers 'n teken is van wat haar reaksie op haar gedagtes is. Sommige mense maak egter so 'n gewoonte daarvan om hulle oor alles en almal te bekommer dat hulle opgetrekte skouers 'n permanente deel van hulle liggaamshouding word.

Wanneer 'n persoon se opgetrekte skouers gepaard gaan met afgeslaande oë, 'n wegdraai of 'n afwerende beweging van die hand of arm, beteken dit heel waarskynlik dat die persoon alleen gelaat wil word – soos voorheen gesê, is dit inderdaad die sogenaamde 'koue skouer'. En as iemand oor die algemeen verkies om alleen te wees – hy is met ander woorde 'n gebore introvert – sal sy natuurlike houding waarskynlik ook so 'n beskermende, afwerende skouerposisie toon.

lees *die tekens*

lees *die tekens*

Gevoude arms

Mense sê maklik iemand wat met gevoude arms na jou staan en luister, is nie oop vir oortuiging nie, maar dis slegs een van baie interpretasies. Wanneer jy egter ander tekens soos 'n uitdrukkinglose gesig, 'n diep frons of 'n effense terugdeins van die kop saam met die gevoude arms sien, is jy heel waarskynlik reg as jy aanvaar dat die persoon niks inneem van wat gesê word nie.

Gestel iemand se skouers is gespanne opgetrek en sy skud haar kop elke nou en dan: dit beteken sy stem nie saam met wat jy sê nie. Wanneer sy haar arms nog vou ook, kan dit wys dat sy jou voorstelle van haar af wil 'weghou'. As gemoedere begin hoog loop en lippe word saamgepers, stemme gelig en sy begin frons, sal haar gevoude arms nog meer gespanne word en sy sal haar vuiste ook onbewustelik bal. Gevoude arms kan egter ook 'n ander, onskadelike doel dien. Hulle kan jou beskerm: 'n vrou vou dikwels haar arms oor haar borskas wanneer sy in 'n skare is om haar borste te beskerm sodat iemand nie per ongeluk aan hulle moet vat nie.

As dit koud is, slaan 'n mens ook outomaties jou arms om jou middellyf – die deel waar jou belangrikste organe geleë is – om jouself te probeer warm hou. En iemand wat vir lank terugleun in 'n stoel kruis dikwels sy arms, doodeenvoudig om in 'n ander posisie te ontspan. In bogenoemde situasies sal jy dus met reg kan aflei dat hulle hul nie verdedig teen iets of iemand nie, en dat hulle gekruisde arms dus hoegenaamd nie 'n negatiewe teken is nie.

Gebalde vuiste

'n Hand wat openlik 'n vuis maak, is wêreldwyd 'n teken van aggressie. Die gebaar beteken 'Ek gaan jou slaan . . .' en die oorsprong daarvan is duidelik. Primate bal hulle vuiste as hulle mekaar uit woede of as deel van 'n speletjie slaan; as hulle die gebaar sien, retireer hulle of maak gereed om te verdedig. Dit gaan gewoonlik gepaard met 'n kwaai, dreigende uitdrukking, wenkbroue wat sak, lippe wat tuit, en 'n verandering in velkleur soos wat die liggaam hom gereed maak vir aksie.

Volwassenes bal selde hulle vuiste as hulle met geweld gekonfronteer word. Hulle doen dit egter onbewustelik wanneer hulle kwaad of geïrriteerd is. Iemand se woorde en gesigsuitdrukking kan nog vriendelik wees, maar hy kan hom nie-verbaal weerspreek deur sy vuis te bal: dan weet jy hoe hy werklik oor die situasie voel, hoewel sosiale norme hom daarvan weerhou om uiting te gee daaraan. Jy mag selfs opmerk hoe iemand sy ander hand bo-oor die gebalde vuis sit om dit weg te steek of om te keer dat die vuis oorgaan tot onaanvaarbare aksie.

'n Vuis wat opsigtelik gebal is, het ook ander, verskillende betekenisse in verskillende dele van die wêreld. In talle Westerse lande is 'n voorarm wat opskiet en 'n gebalde vuis maak 'n belediging,

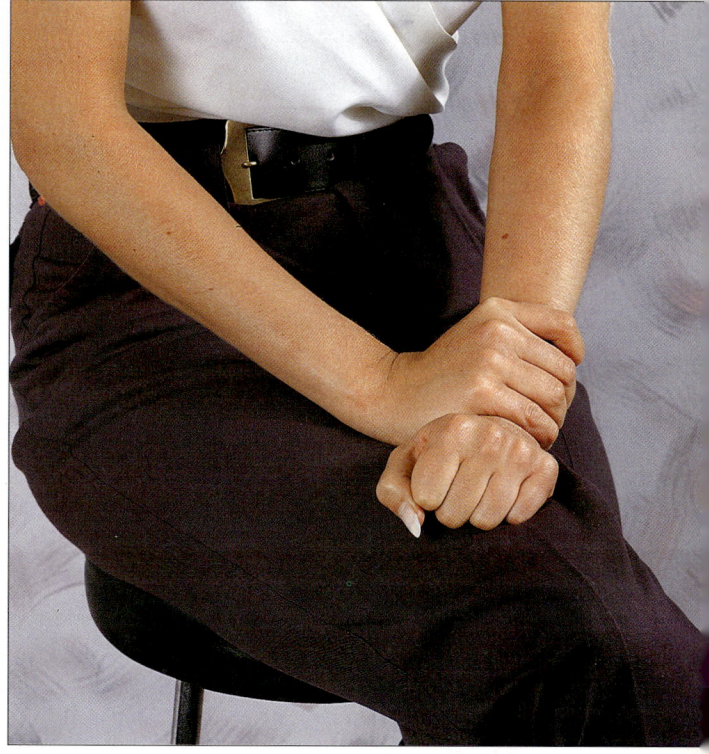

'n kru verwysing na die seksdaad. In Japan daarenteen is 'n vuis wat iemand liggies in die maag boks 'n teken van selfmoord – dit verwys na die vuis wat die rituele mes vasklem in die tradisionele Japannese seppuku-seremonie.

lees *die tekens*

Hand stut kop

As iemand haar kop met haar hand stut, kan dit 'n hele aantal dinge beteken. Veronderstel die kop rus swaar op die hand, die persoon se kop en oë is afwaarts gekeer, haar mond tuit of die hoeke trek ondertoe: dan kan jy met reg aanvaar sy is ongelukkig of voel gespanne. Die hand wat haar kop stut, 'troos' haar: die aanraking kalmeer haar letterlik, kry haar hartklop en bloeddruk onder beheer en verminder die hoeveelheid adrenalien in haar bloedstroom. Enige sagte, ondersteunende aanraking – van jouself of iemand wat jy vertrou – help om jou liggaam fisies tot bedaring te bring.

'n Sagte aanraking herinner mense – en ook diere – aan hoe veilig hulle in hulle kinderdae gevoel het en kalmeer hulle dus.

Die gebaar van die hand wat die kop stut, kan ook 'n teken wees dat iemand dink. Dit kan dui op konsentrasie – as die hele liggaamshouding wakker is, die kop gelig en die persoon met direkte oogkontak volg wat gebeur. In so 'n geval help die hand wat die kop stut die persoon om werklik te fokus op wat aangaan. Hierdie gebaar kan egter ook beteken dat iemand met homself praat – veral as dit gekombineer word met 'n sywaartse kyk en 'n kop wat effens skeef draai soos in die 'telefoonposisie'.

lees *die tekens*

Hand oor mond

Die hand-oor-mond gebaar beteken gewoonlik iemand steek iets weg. Dit mag iets letterliks en fisies wees; in Westerse lande word dit as ongemanierd beskou om 'n wind op te breek, te hik of met 'n oop mond te eet. Iemand sit verder ook haar hand voor haar mond as sy vaak is en 'n gaap probeer wegsteek of as sy kosstukkies wat tussen haar tande vassit, met 'n tandestokkie wil verwyder.

Jy sal soms sien hoe iemand haar hand oor haar mond sit asof sy wil wegsteek wat sy sê of haar daarvan wil weerhou om dit te sê. As iemand halfpad deur 'n sin is, skielik grootoog terugdeins en haar hand oor haar mond sit, beteken dit gewoonlik sy het iets gesê wat sy nie bedoel het nie – haar gebaar is 'n figuurlike poging om die woorde terug in haar mond in te sit. As 'n persoon se hand oor haar

mond is, maar sy praat mompelend voort met 'n kop en oë wat afwaarts gekeer is, beteken dit sy voel sy moet aanhou praat – miskien omdat dit verdag sal lyk as sy dit nie doen nie – maar sy wil nie regtig hê jy moet haar hoor of glo wat sy sê nie.

Skuinsgedraaide kop

In primaat-troppe is 'n skuinsgedraaide kop 'n poging om beter te kan hoor; die ore is gespits om moontlike geluide van naderende gevaar beter te kan hoor. Die gebaar is nog steeds 'n teken dat iemand belangstel en betrokke is.

Soos altyd behoort jy die gebaar te interpreteer in die konteks van die ander liggaamstekens. As iemand letterlik beter wil hoor, sal hy effens vorentoe leun en sy kop skuins draai. As hy egter goed kan hoor, maar vir die een wat praat wil wys hy stem saam, sal hy waarskynlik stil bly sit, en net effens glimlag, knik of beweeg om te wys hy keur dit wat die ander een sê goed.

As iemand meer wil weet, sal hy sy skuinsgedraaide kop kombineer met twee oënskynlik teenstrydige gebare - 'n frons en 'n glimlag - om te wys hy is verward of onseker, maar hy keur wat gebeur nog steeds goed en wil hê die persoon moet verder praat. As iemand egter ontsteld of kwaad is oor wat gesê word, maar moet aanhou luister, wys hy daardie hartseer of woede in sy oë, wenkbroue en mond – of hy probeer sy gesigsuitdrukking neutraal hou sodat die een wat aan die woord is nie sy

werklike gevoelens sien en ophou praat nie. 'n Skuinsgedraaide kop kan ook beteken iemand 'luister na homself'. Iemand wat dink aan klanke, musiek of spraak – of wat wonder hoe om môre sy saak te stel of iets belangriks met homself probeer uitredeneer – sal ook sy kop skuins draai en die gebaar boonop soms kombineer met die 'telefoonposisie' se hand-op-oor gebaar. Mense wat dit baie doen en van nature meer ingestel is op wat hulle hoor, het gevolglik dikwels 'n permanente skuinsgedraaide kophouding.

lees *die tekens*

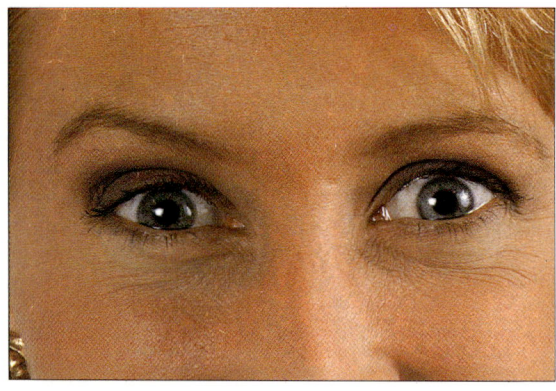

Wydgerekte oë

Die oorspronklike funksie van wydgerekte oë is duidelik – om beter te kan sien. Maar daar kan verskeie redes wees waarom iemand beter wil sien. Miskien het haar oë gerek van plesier, of omdat sy aangenaam verras is: in welke geval haar mond effens oopgaan en sy haar wenkbroue lig. Jy sien dikwels 'n subtieler weergawe van dié uitdrukking as 'n persoon praat met iemand van wie sy hou of oor iets waarvan sy hou. Haar oë is effens groter en vir langer as gewoonlik oop. Omdat wydgerekte oë 'n teken van aanvaarding is, is dit 'n lyftaalteken wat sterk positiewe reaksie in ander ontlok - dit verklaar hoekom mense wat flirt hulle oë groter maak en waarom grimering wat vrouens se oë groter laat lyk, hulle soveel aantrekliker maak.

Vreemd genoeg sal 'n mens se oë ook wyer rek selfs wanneer 'n aantreklike opsie nie fisies teenwoordig is nie. Wanneer iemand praat of luister, 'merk' hulle beskrywende woorde wat gebruik word deur hulle oë te rek. Dit is 'n duidelike teken dat hulle probeer om dit wat hulle voor hulle geestesoog sien, beter te visualiseer.

Wydgerekte oë kan egter ook 'n teken van 'n onaangename verrassing wees. Hier sal 'n persoon se verdere uitdrukkings vrees wys; haar wenkbroue beweeg na mekaar toe asof hulle haar wil beskerm teen die skokkende nuus wat sy kry. Iemand wat kwaad is of jou wil konfronteer oor iets, sal sy oë rek, reguit vir jou kyk, sy wenkbroue laat sak en sy lippe aggressief uitstoot. Dié soort kyk, oorspronklik die voorloper tot 'n fisiese geveg, kan op sigself genoeg wees om iemand in toom te hou – kyk byvoorbeeld hoe 'n volwassene 'n kind beheer deur net vir hom 'n streng kyk te gee. Navorsing toon dat 'n volgehoue kyk van langer as tien sekondes angs en ongemak by ondergeskiktes veroorsaak – jou gelykes of meerderes sal egter aggressief daarop reageer en dit kan tot 'n uitval lei.

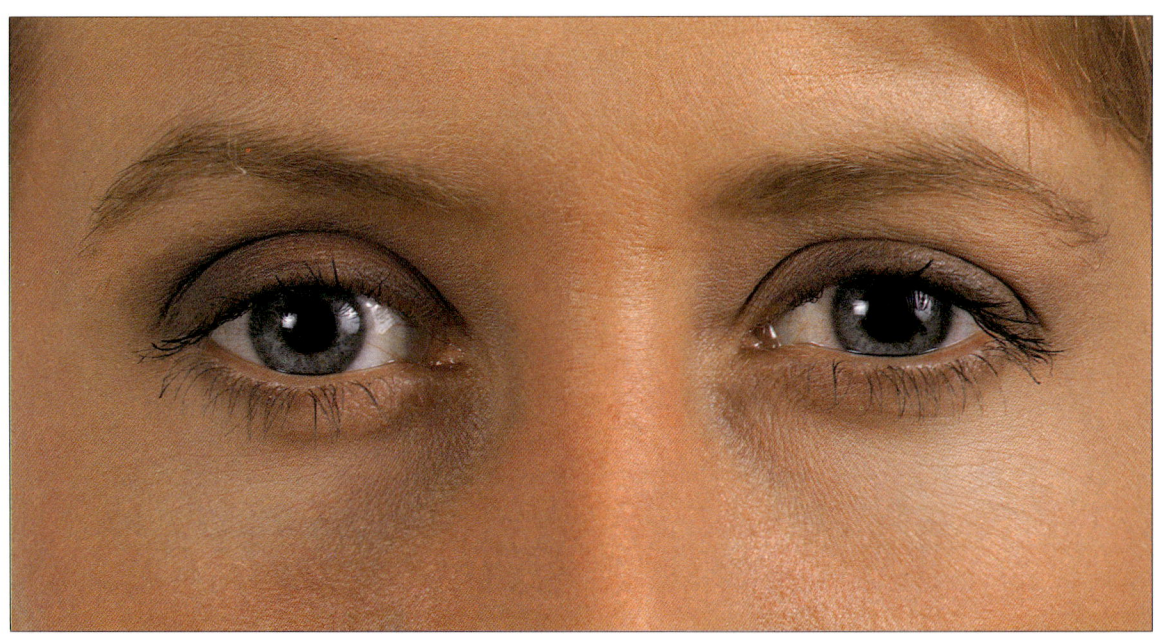

lees *die tekens*

Geligte wenkbroue

Die wenkbrou se 'flikker' – die wenkbrou word vir omtrent 'n sesde van 'n sekonde gelig – is 'n basiese teken van verrassing. 'n Persoon se oë rek wyd oop om te sien wat gebeur, en sy wenkbroue lig vir 'n oomblik sodat hy makliker kan sien. Die beweging het by mense en bobbejane 'n bykomende sosiale funksie gekry: jy lig jou wenkbroue om iemand se aandag te trek of om vir hom te wys jy kyk vir hom. Dis amper asof ons mense half verras lyk om vir iemand anders te wys ons is verras omdat ons hom of haar ontmoet.

Geligte wenkbroue is wêreldwyd 'n menslike teken van erkenning, verwelkoming en waardering. Kulture so verskillend soos die Balinese en die Boesmans s'n gebruik dieselfde teken om dieselfde betekenis oor te dra. Mense se wenkbroue 'flikker' instinktief wanneer hulle iemand ontmoet van wie hulle hou of wat hulle graag beter wil leer ken – en hulle herhaal die beweging gereeld gedurende 'n gesprek met iemand wat hulle wil beïndruk of met wie hulle flirt.

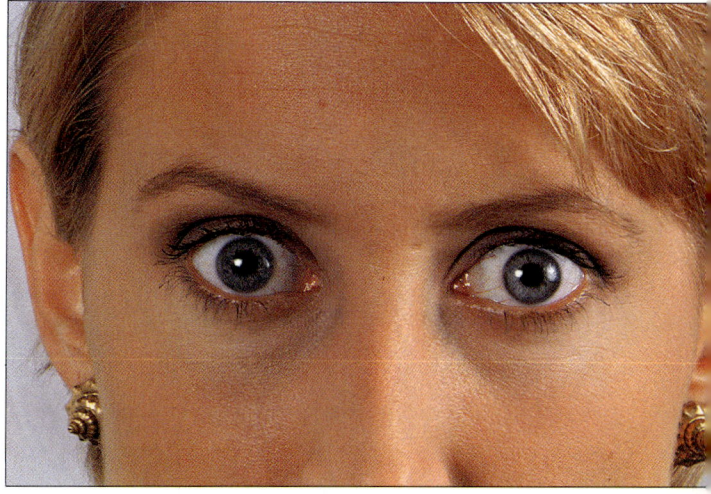

Maar geligte wenkbroue kan natuurlik ook anders geïnterpreteer word. As jy jou wenkbroue stadig lig – langer as 'n paar sekondes – terwyl jou kop skuins draai, doen jy dit gewoonlik aan die einde van 'n sin om seker te maak dat die een met wie jy praat, jou verstaan. As jy dit selfs nog stadiger doen en jou kop terselfdertyd lig, word dit 'n teken van afkeer, 'n manier om te sê 'Ek is geskok – in jou en jou gedrag.' As jy jou wenkbroue egter stadig lig en boonop jou lippe saampers en effens wegdraai van die persoon by wie jy is, neem jy die afkeer nog 'n stappie verder; jy sê hierdeur nie-verbaal: 'Ek is klaar met jou. Ek wil niks meer met jou te doen hê nie.'

Vergrote pupille

Daar is baie fisiese stimulusse wat 'n mens se pupille kan laat vergroot. Sekere dwelms doen dit, asook fisiese inspanning, soos om die liggaam se spiere styf te maak. As 'n mens se oë toe was en jy maak hulle skielik oop, bly die pupille groot totdat hulle aangepas het by die lig. Jou pupille kan ook vergroot as jy skielik 'n harde slag hoor – amper asof die onverwagte skok by jou 'n behoefte skep om jou omgewing deeglik te fynkam.

Die mees fassinerende redes hoekom pupille vergroot, is egter nie fisies nie, maar geestelik. Studies het bewys dat iemand wat emosioneel geroer word deur wat hy sien, se pupille vergroot om beter te kan sien: dit kan beteken die persoon voel aangetrokke tot wat hy sien of hy is versigtig daarvoor en wil meer daaroor uitvind.

Die boodskap wat die grootte van jou pupille vir ander gee, is of jy tot hulle aangetrokke voel, al dan nie. Mense gaan vanselfsprekend meer positief op jou reageer as hulle in die konteks van ander positiewe tekens uit jou groot pupille aflei dat jy van hulle hou. Vergrote pupille vlei mense en trek hulle na jou toe aan. Dit is waarom Italiaanse vroue eeue gelede die dwelm belladonna (letterlik vertaal 'mooi vrou') gebruik het om hulle pupille te vergroot en sodoende mooier te lyk vir hulle minnaars. Dit is onmoontlik om die grootte van jou pupille bewustelik te beheer sonder die gebruik van sulke onnatuurlike stimulante. 'n Mens se pupille raak outomaties en merkbaar groter as jy aangetrokke voel tot iemand. As 'n persoon jou koud laat, stuur jou pupille neutrale of negatiewe tekens – en die ander een sal nie daarop reageer nie.

lees *die tekens*

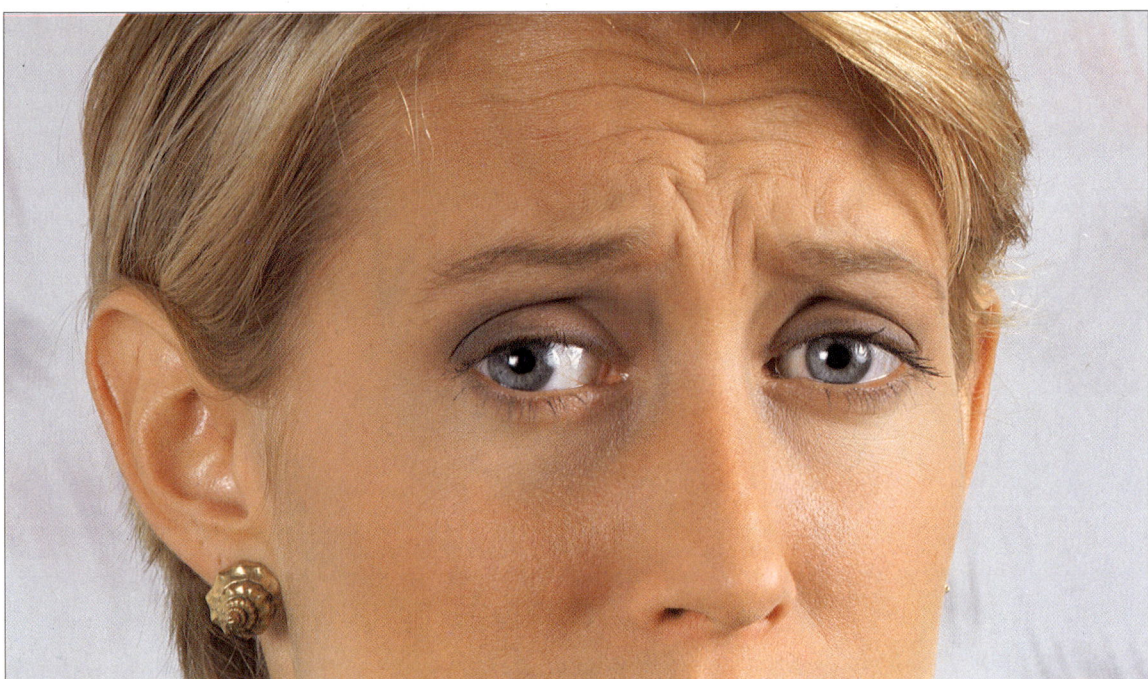

Geplooide voorkop

'n Effens geligte voorkop met plooie op is dikwels 'n teken dat iemand nadink oor iets wat hy of sy gesien het en dat die persoon visueel dink. Die plooie op die voorkop kan vir 'n oomblik vorm en dan weer amper ongesiens verdwyn; dit gaan gewoonlik gepaard met ooglede wat ook effens gelig word. Iemand wat baie visueel dink, het dikwels permanente plooie op die voorkop, soms heelwat vroeër as sy tydgenote en selfs al het die res van sy gesig nog nie plooie nie.

As jy sien hoe iemand se voorkop vir 'n sekonde of twee plooi, is dit gewoonlik 'n teken van een of ander sterk emosie. 'n Studie wat Paul Ekman in 1979 gedoen het, toon dat iemand wat hartseer is, haar wenkbroue lig asof sy dit sodoende vir die trane wil makliker maak om te loop: die gevolg is merkbare plooie in die middel van haar voorkop. Om enige voorkopbeweging reg te kan interpreteer, moet jy vanselfsprekend ook na ander gesigstekens kyk, veral die oë en mond wat deur middel van hulle hoek, posisie en beweging wys watter van die emosies iemand ervaar.

Die model op hierdie foto is gevra om haar in te dink in 'n gemengde gevoel van verrassing, angs en hartseer – asof sy so pas slegte nuus gekry het.

Gerekte neusvleuels

Die neus is die reukorgaan en die neusvleuels gaan oop en toe in reaksie op reuke. Gerekte neusvleuels kan dus beteken iemand ruik iets aangenaams soos kos en wil meer daarvan hê, of dit kan sê dat hy iets gevaarliks soos gif ruik en dus bedag is op gevaar. Die neusvleuels rek outomaties in reaksie op ammoniak – en mense se neusvleuels reageer selfs instinktief wanneer daar net oor sulke gevaarlike stowwe gepraat word.

'n Mens se neusvleuels rek ook om meer lug in te laat, wat die liggaam voorberei op onmiddellike aksie – dus weer eens 'n reaksie op gevaar. Primate gebruik gerekte neusvleuels as 'n dreigement – 'n teken vir diere dat hulle gaan aanval, en vir ander troplede dat hulle bedreig word en ondersteuning nodig het. Wanneer mense bedreig voel, rek ons neusvleuels onwillekeurig. As iemand kwaad of geïrriteerd is, wys hierdie teken iets is verkeerd en hy hou nie daarvan nie.

lees *die tekens*

lees *die tekens*

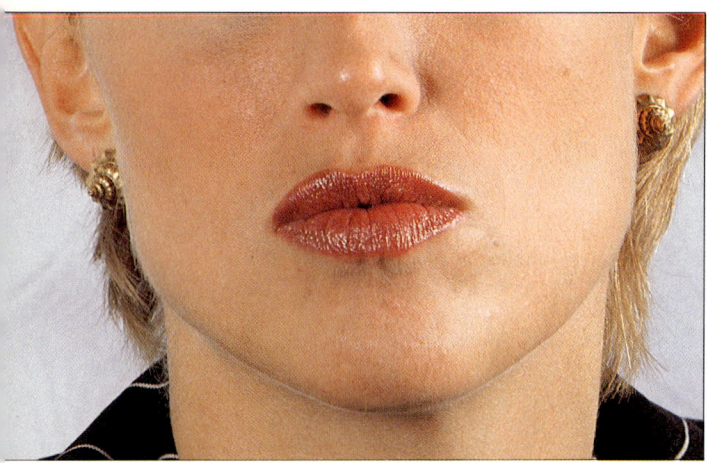

Tuitmond

Die persoon se mond bly toe en sy druk haar lippe effens vorentoe sodat haar mond tuit. Tradisioneel tuit 'n mens jou mond as jy wil hê iemand moet jou daarop soen. Dit geld veral vir 'n vriend of vriendin met wie jy nie seksueel intiem is nie en van wie jy dus nie 'n oopmondsoen sal verwag nie.

Die feit dat dit gewoonlik gekombineer word met liggaamlike nabyheid, bewegings wat kontak aanmoedig en halftoe oë wat wys jy vertrou 'n persoon fisies, maak van die tuitmond 'n duidelike teken dat jy 'n sosiale piksoen verwag.

Maar mense tuit ook hulle monde as hulle 'n besluit moet neem en dinge deurdink. In so 'n geval beweeg hulle lippe soms terwyl hulle mond getuit is soos hulle amper letterlik 'herkou' aan die verskillende opsies. Dit kan gepaard gaan met die tipiese gebare van besluitneming – die hande of skouers maak 'opweegbewegings' en die kop is skuins gedraai. Sodra die besluit geneem is, hou die lipbewegings op en die mond keer terug na sy normale vorm.

Iemand kan ook haar mond tuit om vir ander haar afkeer te wys. Die res van haar liggaamsbewegings sal dit bevestig: sy leun effens weg, kyk teen haar neus af, lig haar wenkbroue, en skud haar kop stadig ('n baie ander beweging as die skuinsgedraaide kop wat met 'n denkende tuitmond gepaard gaan). Sy kan verder diep inasem deur haar neus totdat haar longe vol is en dan skerp en hard uitasem. Sy is beslis nie geamuseerd nie.

Opgekrulde lippe

As iemand jou werklik smalend aankyk, krul haar lippe op dat jy haar tande kan sien. By primate beteken dit hulle sal hul tande gebruik om mee te veg as dit moet. By mense dui dit op antagonisme – afkeer, woede of walging.

As iemand gewalg is, veroorsaak die optrek van haar bolip 'n plooitjie weerskante van haar neus. Die onderste ooglid word opgetrek asof sy die walglike gesig eerder nie wil sien nie. Sy mag onwillekeurig terugtree of met haar kop terugdeins omdat dit wat sy ondervind, vir haar afstootlik is.

Wanneer sy egter woedend is, is haar oë wyd oopgerek en haar gesig kom vorentoe om die indringer te konfronteer. Haar neusvleuels rek dreigend oop en haar liggaam is gespanne en gereed vir aksie. Opgekrulde lippe weerspieël in werklikheid sowel walging as woede, dus kan jy 'n kombinasie van die twee emosies in die lyftaal opmerk. Partykeer krul iemand se lippe op terwyl

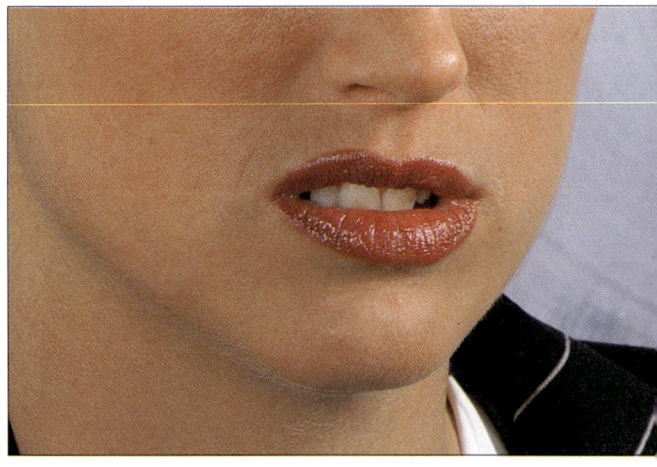

sy glimlag, haar mondhoeke trek op en sy plooi die middel van haar bolip. Ander mense glimlag dalk werklik vir iets, maar die persoon met die opgekrulde lippe vind dit allermins snaaks. Sy dwing haarself om positief te reageer, maar ander, meer negatiewe emosies skemer ook deur en die resultaat is 'n wrang glimlag.

lees *die tekens*

Breë glimlag

Enige glimlag is, ten minste op die oppervlak, 'n positiewe teken. Primate glimlag wanneer hulle nie bedreig word nie. Mense glimlag wanneer hulle gelukkig is. Die mondhoeke beweeg ewe veel op aan albei kante, die lippe gaan soms wyd oop om die tande op 'n nie-dreigende manier te wys. Die orbicularis oculi, die spier wat mense kraaispore om die oë gee, laat die oë plooi en die velkleur verander dikwels namate die liggaam ontspan.

'n Mens sien egter selde 'n opregte glimlag. Daar word van ons verwag om te glimlag as ons nie werklik gelukkig is nie, om mense gerus te stel of om sosiale aanvaarding te wys. Dis veral vrouens wat altyd glimlag, al gebeur wat: studies toon vrouens glimlag selfs wanneer hulle erg pyn het.

Wanneer 'n glimlag nie opreg is nie, sal 'n persoon gewoonlik vir jou ander emosionele tekens op ander dele van haar gesig wys. Daar is nie plooitjies om haar oë nie; in plaas daarvan veroorsaak haar irritasie dat sy jou aanstaar, of sy kyk effens verby jou omdat sy versigtig is vir jou. Woede kan die neusvleuels laat rek; 'n stywe kakebeen kan walging aandui. Laastens hou 'n vals glimlag langer as 'n opregte een aan en verdwyn stadiger – asof hy mense nog vir oulaas probeer oortuig hy is opreg.

lees *die tekens*

Gekruisde bene

Daar is baie maniere waarop mense hulle bene kruis. Die meeste vrouens kruis hulle bene by die knieë, en hulle tone is ontspanne, maar mans sit selde so. In sommige kulture sal 'n man wat so sit se manlikheid selfs bevraagteken word. As jy jou bene strek en hulle by die knieë kruis, beklemtoon jy hulle lengte en slankheid, en as jy verder jou hand in die lengte op die een been sit, vestig jy nog meer die aandag daarop. Vrouens gebruik die bewegings dikwels, hoewel onbewustelik, as daar 'n moontlike toekomstige maat naby is.

Jy lyk minder vroulik as jy jou bene by die enkels kruis, in plaas van by die knieë. Mans sowel as vrouens neem die posisie in om te wys hulle is ontspanne, veral as hulle terugleun in 'n stoel. Om die voete op te lig of sirkelbewegings met een te maak, is baie informeel, en mense doen dit gewoonlik wanneer hulle by familie of vriende is.

Wydsbeen

Om wydsbeen te sit, is 'n gemaklike posisie. Baie mense sit so wanneer hulle voel hulle is veilig en word nie dopgehou nie: by 'n dinee, waar mense se bene onder 'n tafeldoek weggesteek is, neem ewe veel vrouens as mans gewoonlik die posisie in. Maar 'oop bene' is ook 'n baie kwesbare posisie. Tensy hulle fisies en emosioneel veilig voel, sal albei geslagte instinktief hulle geslagsdele beskerm en wegsteek deur die bene heeltemal teen mekaar te hou of deur hulle by die enkels of knieë te kruis. As mense gevra word om in die openbaar wydsbeen te sit, sal die meeste van hulle hulself probeer 'beskerm' deur papiere op hulle skote vas te hou of deur hulle geslagsdele met hulle hande te maskeer.

Omdat dit so 'n kwesbare houding is, sit die meeste mense net by vriende of familie wydsbeen. 'n Mens kan dikwels sien hoe ontspanne 'n groep is deur te kyk hoeveel mense met hulle bene ver van mekaar af sit. Min mense sal so 'n posisie inneem tydens 'n belangrike vergadering of wanneer hulle gesels met iemand wat hulle so pas ontmoet het.

Laastens spreek die wydsbeenposisie ook van

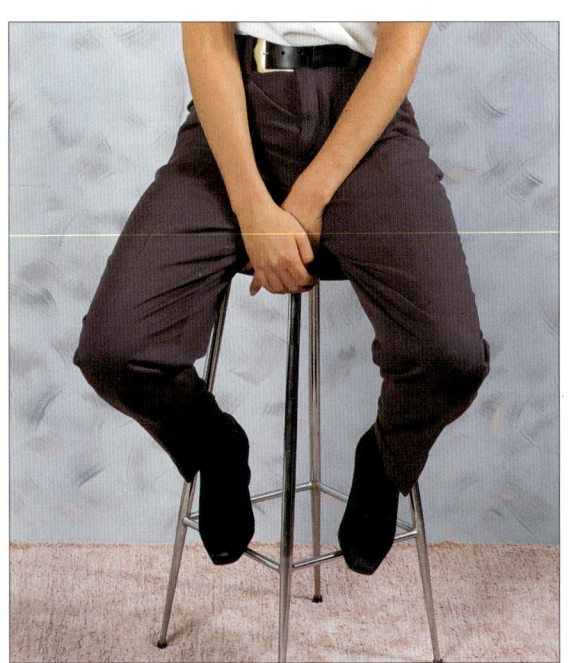

selfvertroue: dit word dikwels gebruik deur groepsleiers, mans eerder as vrouens, en deur jongmense, eerder as oueres. Dit neem meer ruimte in beslag, dwing ander om plek te maak vir jou, en maak 'n gebalanseerde en stewige indruk.

lees *die tekens*

Om een been by die knie te buig en die been se enkel dan op die ander been se knie te laat rus, is 'n baie manlike houding; 'n vrou doen dit selde en gewoonlik net wanneer sy ontspanne is en 'n langbroek dra. Die houding spreek duidelik van selfvertroue: dit neem baie ruimte in beslag en wys die persoon wat dit gebruik, is seker van homself en sy plek in die groep.

'n Laaste interessante aspek van gekruisde bene is waarheen hulle wys. Die rigting van die bobeen en voet kan, in konteks, wys waarin 'n persoon belangstel. As daar 'n gesprek gevoer word, wys die liggaamsdele dikwels in die rigting van wie ook al aan die woord is. As die fokus skielik na iemand anders toe verskuif, swaai die dele outomaties na daardie betrokke persoon toe. En as daar 'n argument is, sal jy dikwels sien hoe iemand se voet aanhoudend swaai in die rigting van die een wat aan die woord is.

Gekruisde voete

Die voete is die liggaamsdele wat die verste weg is van die gesig; mense dink dus instinktief, en dikwels na regte, dat ander nie hulle voete dophou nie. Dus, as iemand al haar energie gebruik om haar emosies weg te steek deur haar gesigsuitdrukkings en handgebare in toom te hou, kan jy nog steeds agterkom wat haar ware gevoelens is deur na haar voete te kyk.

Gespanne voete dui op senuweeagtigheid of angs. Die voete krul om mekaar of om meubels; hulle soek die vertroosting van aanraking. Hulle strek uit en krul op om van spanning ontslae te raak. Hulle vroetel of skop dikwels: die 'ontsnapbewegings' wys hulle wil wegkom uit 'n moeilike situasie. Voetspanning manifesteer veral in 'n onderhoudsituasie waar iemand bewegingloos probeer sit. Verder kan voete, net soos hande en bene, die bron van spanning aandui – hulle vestig die aandag daarop deur daarna te wys of krul weg daarvandaan om dit te vermy. (Voete kan natuurlik positiewe liggaamlike spanning skep deur te wys na iemand of iets wat jy besonder aantreklik vind.)

Voete verraai ook emosie as iemand geïrriteerd of woedend is, eerder as senuweeagtig of angstig. Dan word die voete styf teen mekaar vasgedruk, en maak klein, skerp skopbewegings, eerder as om senuweeagtig rond te vroetel. Gelukkige voete daarenteen, is óf opgewonde – hulle vroetel asof hulle senuweeagtig is, maar doen dit ritmies en energiek – óf tevrede – hulle strek ontspanne uit en krul effens op.

Dit mag belaglik klink, maar as jy iemand probeer verstaan deur middel van sy lyftaal, is dit dalk 'n goeie idee om by sy voete te begin en daarvandaan af op te werk boontoe!

indeks

a Aanraking 15, 24, 124
Aanvaarding 43, 44
Affiliasievergadering 110
Aftyd 47, 48, 49, 50, 108, 117
Aggressie 133
Agterdog 81
Angstigheid 75
Antagonisme 140

b Baas 105, 106, 107
laat-maar-loop 105, 106, 107
demokraties 105, 106
outokraties 105
Bandler, Richard 30
Bedien 51, 52
Beëindig verhoudings 84, 86
Berne, Eric 37
Berou 76
Bly te kenne 20
Bly verlief 88, 89
Breë glimlag 141
Buierigheid 97, 98

d Demokratiese baas 105, 106
Deurkyk 65, 66
Dirigentstokgebaar 28
Dominerende soort 117
Dragkode 95, 96

e Einde van vriendskap 46, 47
Ekman, Paul 138
Ekstrovert 36, 37, 54
Emosies 74, 75, 76
Energie 126, 127
Erogene sones 72

f Feniletilamien 86, 87
Fisiese funksie 15
Flirt 66, 68

g Gebare 11, 13, 15, 32, 41
Gekruisde bene 142, 143
Gekruisde voete 143
Geligte wenkbroue 137
Geplooide voorkop 138
Gereed 71
Gerekte neusvleuels 138
Gesag 53, 54
Gesigsuitdrukkings 13, 15, 33
Gespanne voete 143
Gevoude arms 133
Glimlag 22, 24, 141
Grinder, John 30
Groepkontak 41

h Hand
as vuis 133
druk 22
in sak 16-17
oor mond 135
stut kop 134
Houding 13, 15, 41

i Innerlike liggaamstekens 15
Instink 18
Introvert 36, 37, 106
Irritasie 76, 114, 124

j Jok 11
Jy en jou baas 105, 106, 107
Jy en jou kollegas 101

k Kantoordrag 95, 96
Karaktertrekke 34, 35
Klere 119
Kliënt-ontmoeting 115
Kliënt-tipes 115, 117
Knik 27, 28
Kontroleer persoonlikheid 128
Krap neus 11
Kykmens 35

l Laat-maar-loop baas 105, 106, 107
Lag 17
Leierskap 123
Liefde 86, 87
bly verlief 88, 89
met die eerste oogopslag 56, 59
op kantoor 104, 105
raak verlief 86, 87
Liggaamlike aantrekking 59, 67
Lippe opgekrul 140
Loktekens 62
Luister 26, 27
Luistermense 35

m Magsvergadering 110, 111
Modesin 61, 62
Motiveer personeel 123, 124
Motivering 98, 99, 107, 115

n Nie OK nie 37
Neem die leiding 70

o OK 37, 38
Omgewing 15
Onderbreking 50
Onderhoude 119, 120, 121, 123
afkeuring 121, 123
sukses 123
voorbereiding 119
Ondermyn jou gesag 123
Oneerlikheid 78, 79, 80, 81
Ongelyke skouers 131
Oogbeweging 15
Oogkontak 24
Ooreenkoms 117
Opgekrulde lippe 140
Optyd 47
Organiseer werkspasie 94
Outokratiese baas 105

p Praat 18, 24, 26, 27, 28
Prestasievergadering 110
Prikkeling 72
Probleme 78, 79, 80
Projekte 126
energie aan 126, 127
leiding 126, 127

r Reuk 15
Raak aan iemand 15

s Selfvertroue 98, 112, 120, 121, 142
Skare 54
Skouerspanning 130, 131, 133
Skuinsgedraaide kop 135
Smaak 15
Spanning 133
Stadig oor die klippe 81, 84
Stem 15
Streshantering 99, 100, 101
Styl 13
Sug 17
Sukses by onderhoud 123

t Teenstrydige dele 76, 77
Tekens op kantoor 90, 92
Telefoonposisie 134, 135
Transaksionele Analise 37
Tuitmond 140
Tyd alleen 47

v Vatmense 35
Vergaderings
affiliasie 110
mag 110, 111
plekke 109, 110
prestasie 110
voorsitter 112, 113, 114
Vergrote borskas 130
Vergrote pupille 137
Verhoudings 56, 87, 88
Verleiding 68, 69, 70
Verpersoonlik kantoor 94
Verraad 114
Verstandhouding 24, 26, 29, 40, 115
Vertoon tekens 62, 63, 66
Voorbereiding 119, 126
vir 'n onderhoud 119
vir 'n projek 126
Voorkoms 13
Voorsittterstoel 112
Vuiste 133

w Waarneming 13
Werkgroepe 102, 103, 104
Werksarea 92, 93
Woede 74, 117
Wydgerekte oë 136
Wydsbeen 142